歴史文化ライブラリー
190

日本語はだれのものか

川口　良
角田史幸

吉川弘文館

目次

1　プロローグ

プロローグ——日本語はどこへ行くのか

間違いだらけ？の日本語

——「てゆうかー」とか「ってか」で話を始め、「ウッソー！　まじ？」を連発する。「おれって、英語苦手じゃないっすか」なんて言われてもねー、そんなこと知らないよ。「あしたはテストとかあってー、みたいなー」とは、あしたテストがあるのか？　ないのか？　「ちがくて」「ちげーよ」とは、「ちがう」のことか？　近ごろの若者が話すことばは、さっぱりわからない。教え子からもらった同窓会のお知らせの葉書に「枯れ木も山の賑わいと言います。先生、どうぞご出席ください」とあったけど、私は「枯れ木」か……。卒業生からの葉書には「社会に出ても、先生を他山の石として、頑張りたいと思います」。「他山の石」とは、私が「石ころ」、失敗例ということか？　女子学生が友だちに「昼めし、もう食ったー？」と聞いていた。

くんだ。

あなた、それでも女の子ですか？　若者がこんなふうだから、日本語はどんどん乱れてい
――でも、うちの父も「こんな硬いものは、食べれないよ」と言ってたけど、「食べれない」は「ら抜きことば」って言うんじゃないんですか？　それに、デパートで買い物したとき、年配の店員さんが「お持ちしますか」って言うから、持ってくれるのかと思ったら、手渡されました。なんだ、「（お客様がご自分で）お持ちになりますか」のことだったんですね。「お持ちする」は謙譲語で、尊敬語を使いたいのなら「お持ちになる」って言うんですよ。

――そう言えば、この間、学会で司会者が「それではただ今より〇〇学会を開かせていただきます」と言っていたっけ。「開かさせる」なんて、日本語の言い方にあったかな。ついに、学者先生も「さ入れことば」を使う時代になったか……。

あ～「正しい日本語」「美しい日本語」は何処《いずこ》へ――。

正しい日本語とは

このような嘆きの声に押されてか、各種の日本語本がブームのようです。なかには刺激的な表題のものもあります。『間違いだらけの日本語』とか『日本語反省帳』とかいうように。最近の日本語の「乱れ」が気になる人たち、とくに若者ことばが気になる人たちは、たいてい、ある程度年のいった人たちでしょ

う。彼らは長年使ってきた自分の日本語は正しいと思っているのですが、そのような人たちも、高名な先生方から「間違いだらけ」とか「反省せよ」とか言われると、自分の日本語にどこか自信がなくなってきたりします（筆者も実はそう）。たとえば、次のような問題を出されたとしたら、みなさんは、どう答えますか（「正解（とされているもの）と解説」はプロローグの最後にあります）。

次の下線部の言い方について、正しいものには○、間違いには×をつけ、その理由を考えてみてください。

(1)私はそんなこと、言いません。／言わないです。
(2)このお菓子、あんまりおいしくないです。／おいしくありません。
(3)とんでもないです。／とんでもありません。
(4)いただいたお菓子、とてもおいしいでした。／おいしかったです。
(5)きのう海はとても静かでした。／静かだったです。
(6)明日、何時に来れる？／来られる？
(7)七時までには帰れるよ。／帰られるよ。
(8)お金がなさそうだ。／雨が降らなさそうだ。

ここにあげられたいずれの例でも、文法規範上「正しい（とされている）もの」と「誤り」との差はきわめてわずかです。どれが正解でどれが誤答なのか、本当は確定できないのかもしれません。自分でも知らず知らずのうちに状況に応じて織り交ぜて使っていて、なんの違和感も不都合も感じないのが実状ではないでしょうか。日常のコミュニケーションに支障を、まったくきたさないからです（支障をきたすのは試験問題に出されたときくらいでしょう）。でも、「間違いだらけ」とかいうように、はっきりと正誤を問われるような形で「反省」を迫られると、基準がわからなくなって、自分が正しいと思っていることになんだか自信がなくなってきはしませんか。

この本は、「あなたの日本語はここが間違っている」といって読者に「反省」を迫るものでは、まったくありません。むしろ逆です。そのような、「間違い」や「乱れ」とされたものが、実は、長い歴史的視点から見れば、ある種の合理性や必然性を備えていて、言わば「変化すべくして変化する」途上にあるということを論じようとしています。もちろん、それぞれの時代に、時代に応じた「規範」が存在することは確かです。しかし、その規範自体も、もっと広く深い文脈の中に置き直して考えてみることが必要です。規範自体の意味も内容も変化していくからです。私たちが日本語を考えるとき、大切なのは、そのような広く深い視点から、日本語を見直してみることではないでしょうか。そのときこそ、日本語のより新たな可能性も開けるでしょう。この本はそのような視点に立っています。

つまり、「間違い」を探し出して「反省」するのではなく、「正しい」とか「間違い」とかいうことの意味そのものを、もう一度見直してみようとするのです。

そのためには、「日本語はどこから来て、今どこにいるのか」を考えることが必要になってきます。今の日本語が「乱れ」ていて「間違いだらけ」だと論難することの裏には、往々にして、模範となるべき唯一の「正しい」日本語が、過去も、そして現在も、連綿と存在し続けている、といった考え方があります。そのような考え方こそ、もう一度反省してみなければならないのでしょう。

日本語はだれのものか

この本の最終目的は、「日本語はだれのものか」を考えることにあります。今まで、「日本」人や日本「民族」の基盤には、共通の言語、つまり日本語が存在するとされてきました。「同じ」日本語を話すことによって、そこには何かしら共通のものが共有されている、民族の感情や文化もそのことをよりどころとする、というわけです。逆に言えば、その感情や文化を共有していなければ、日本語という言語の理解も、完全なものにはならない、ということなのでしょう。

この本は、また、そのような考えそのものを見直そうとしています。日本語が、幅広い多様性を持ち、変容を重ねたものであるとしたら、その中には当然、「日本」人のものではない日本語、「日本」という枠には収まりきれない日本語、「日本」語という枠には収まりきれない日本語、つまり「日本」語でない日本語が存在するはずです。そうだとすると、「日本語は日本人のものである」という考えにも疑問が生じてきます。日本語とは、いったいだれのものなのでしょうか。

本書を読み終わったとき、皆さんの中にきっとその答えが見つかっているはずです。

【解答と解説】 (1)「言いません」○「言わないです」×＝動詞の丁寧体は「言うです―言わないです」ではなく、「言います―言いません」のように「ます」を使う（とされていますが、田山花袋の『蒲団』〈明治四十年〉には、「非常に困る場合もあるです」「どうも怪しいことがあるです」とあり〈「書生ことば」と呼ばれる〉、筆者が行なったアンケート調査でも現在五三％の大学生が「書かないです」を○と判定しています。詳しくは本文を参照してください）。(2)「おいしくないです」○「おいしくありません」○＝形容詞否定形の丁寧体は、形容詞「ないです」を付けるか、動詞「ありません」の否定形「ありません」を付ける（とされていますが、平成九年一月の文化庁の「国語に関する世論調査」では、「寒くないです」という言い方を「気になる」と答えた人が二一・八％、「寒くありません」を「気になる」と答えた人が八・八％いました）。(3)「とんでもないです」○「とんでもありません」×＝「とんでもない」は「もったいない」「はしたない」のように語尾に「―ない」を持つ形容詞で、動詞「とんでもある」（こんなことばは存在しませんが）の否定形ではないので、その丁寧体には「です」を使う（とされていますが、現在では「とんでもありません」やそれをさらに丁寧にした「とんでもございません」のほうが一般的ではないでしょうか。平成十五年度「国語に関する世論調査」の結果では「とんでもございません」を「気になる」と答えた人は一七・八％、「気にならない」と答えた人は六八・三％でした)。⑷「おいしいでした」×「おいしかったです」○＝形容詞過去形の丁寧体は普通体の過去形「おいしかった」に「です」を付ける（とされていますが、『井上ひさしの日本語相談』には、小学生の娘が提出する作文や日記の「とてもおいしかったです」などの表現を、必ず「とてもおいしいでした」と訂正する先生の話が紹介されています)。⑸「静かでした」○「静かだったです」×＝形容動詞（ナ形容詞）丁寧体の「現在形―過去形」は「です―でした」とする（とされていますが、庵功雄『新しい日本語学入門』ではナ形容詞の「丁寧な形」として「sizuka-des-ita」（しずかでした）と「sizuka-daQta-desu」（しずかだったです）の両方があげられています)。⑹「来れる」×「来られる」○、⑺「帰れる」○「帰られる」（限りなく○に近い）×、⑻「なさそうだ」○「降らなさそうだ」×＝これらについては本文を参照してください。

日本語はどこにいるのか

日本語は乱れているのか

「ことばの乱れ」への嘆き

古文に見る「嘆き」

「ことばの乱れ」に対する嘆きの弁は、なにも今に始まったことではなく、古《いにしえ》の時代から繰り返されてきました。

まずは、平安時代を代表する女流文学者清少納言《せいしょうなごん》の随筆『枕草子《まくらのそうし》』から。

男も女もよろづの事まさりてわろきもの　ことばの文字《もじ》あやしく使ひたるこそあれ。ただ文字一つに、あやしくも、あてにもいやしくもなるは、いかなるにかあらむ。（中略）なんなき事を言ひて、「その事させんとす」と、「言はんとす」「何《なに》とせんとす」と言ふを、「と」文字《もじ》を失《うしな》ひて、ただ「言はんずる」「里へ出《い》でんずる」など言へば、やがていとわろし。まして文《ふみ》を書きては、言ふべきにもあらず。

（口語訳）男も女も、あらゆる事に立ちまさって劣った感じのするもの　それは会話のことばを奇妙に使っていることだ。ただ使うことば一つで、奇妙なことに、上品にも、下品にもなるのは、どういうわけなのだろうか。（中略）何という事もないような事を言って、「その事させんとす」と言い、また「言はんとす」「何《なに》とせんとす」と言うのを、その「と」ということばをなくして、ただ「言はんずる」「里へ出《い》でんずる」などと言うと、それは即座《そくざ》に、ひどく劣っている感じになる。まして、そんなふうに手紙を書いては、言いようもなく悪い。

（『日本古典文学全集』小学館）

これは、当時出現した「言はんとす→言はんずる」という、言うなれば「と抜きことば」に対する批判ですが、現代の、「ら抜きことば」を嘆く識者の声と重なるものを感じます。

次に、中世に入って、室町時代を代表する識者吉田兼好《よしだけんこう》の随筆『徒然草《つれづれぐさ》』から。

なに事《ごと》も、古き世のみぞしたはしき、今様《いまよう》は無下《むげ》にいやしくこそなりゆくめれ（中略）文《ふみ》の詞《ことば》などぞ、昔の反古《ほうご》どもはいみじき。ただ言ふ言葉も、口をしうこそなりもてゆくなれ。「いにしへは、車もたげよ、火かかげよ、とこそ言ひしを、今やうの人は、もてあげよ、かきあげよ、と言ふ。主殿寮人数《とのもれうのにんじゅ》たて、と言ふべきを、たちあかししろくせよ、と言ひ、最勝講《さいしようかうの》御《み》聴聞所《ちやうもんじよ》なるをば、御講《ごかう》の廬《ろ》、とこそ言ふを、かうろ、と言ふ、くちをし」とぞ、古き人は仰せられし。（第二十二段）

（口語訳）何事でも、すべて古い時代ばかりが、特別なつかしく思われる。今の世のことは、なんとも言いようのないほど下品になってゆくようだ。（中略）手紙の言葉なども、昔の反古《ほご》類に書いてあるのは、みな、りっぱなものだ。ふつうに口で言う言葉も、しだいになさけないものになってゆくだけのようである。「昔は、『車もたげよ』『火かかげよ』と言ったものを、当世の人は、『もてあげよ』『かきあげよ』と言う。『主殿寮人数たて』と言うべきところを、『たちあかししろくせよ』と言い、宮中で『最勝王経』の講義を聞かれる天皇の御座所である御間《おんま》を、『御講《ごこう》の廬』と言うべきであるのに『講廬《こうろ》』と略して言うのは、残念だ」と、ある古老の方《かた》は、おっしゃったことである。

（『日本古典文学全集』小学館）

「いにしへ」の人は今のような卑しい言い方はしなかったものだ——この、兼好法師の嘆きは、現代の老年層の慨嘆とまったく同様のものに聞こえます。十四世紀の老人も「今様」の人、つまり「若者」の物言いを苦々しく思っているという点では、昨今の老人と共通するようです。

さらに、江戸時代に進み、俳人松永貞徳《まつながていとく》の高弟、安原貞室《やすはらていしつ》は、『かたこと』（一六五〇）

の中で次のように嘆きます。

物のいかめしく大きなることを、「でこ」「でつかい」「にくじ」などと言ふこと、いとさもしう聞こゆ。（巻二）

「こればかり」と言ふべきを、「こればつかし」「こればつちや」「こればつかり」などは悪かるべし。（巻三）

「あまり」を「あんまり」「でつかい」と撥《は》ぬるもいらざることとなるべし。（巻三）

この時代になると、「でっかい」「こればっかし／こればっかり」「あんまり」という現代語の話しことばに通じるものが、批判の対象としてあげられています。今やごく当たり前の話しことばとして使われている「あんまり」「こればっかり」が、かつてはこのように非難されたのです。

明治以降の「嘆き」

近代に入って明治四十年、二葉亭四迷《ふたばていしめい》の小説『平凡』の一節から、主人公が伯父小狐三平の書生になる際、その心構えを訓戒される場面を見てみましょう。

「からして勉強の合間には、少し家事も手伝うてもらわんと困る。なに、手伝うというても、たいしたことじゃない。まあ、取次ぐらいのものじゃ。まだ何ぞかぞほかに頼むこともあろうが、なに、皆たいしたことじゃない。行《や》ってもらえような？」

「は、何でも僕にできます事なら……」
「そ、そ、その僕がおもしろうない。君僕というのは同輩あるいは同輩以下に対《むか》うて言う言葉で、尊長者《そうちょうしゃ》に対うて言うべき言葉でない、そんなことも注意して、僕といわずに私《わたくし》というてもらわんとな……」
「は……つい気がつきませんで……」

（『日本文学全集1　坪内逍遙　二葉亭四迷』集英社）

この時代には、「君」「僕」はまだ市民権を得ておらず、いわゆる書生ことばとして若い世代が好んで使い、年配者には耳障《ざわ》りであったようです。この「君」「僕」については、民俗学者柳田国男《やなぎたくにお》も『国語の将来』の中で「口で言うだけなら前年のパパ・ママやまたこのごろのキミ・ボクのように、戒め禁ずることも片端は出来ようが」と述べていて、昭和の初めまで非難は続きます。さらに、昭和も半ばを過ぎても、小説家三島由紀夫は、「書きことば」に用いる「僕」を次のように非難しています。

私は小説ではない随想の文章に、「僕」と書くことを好みません。「僕」という言葉の、日常会話的なぞんざいさと、ことさら若々しさを衒《てら》ったような感じは文章の気品を傷《そこな》うからであります。私は「僕」という言葉は公衆のまえで使う言葉とは思いません。それは会話のなかだけで使われるべき言葉でありましょう。

これほど嫌われ戒められた「僕」ですが、現在では老いも若きも幼きも、年齢に関係なく男性の自称詞として、改まった場面を除けばごく普通に用いられていることに異論を唱える人はいないと思います。

また、柳田国男は、日本人が何にでも「的」をつけることについても、次のように非難します。

今日標準語として余儀なく認められるものの中にも、いたって素性《すじよう》の不明な下品なものが幾らもまじっており、それでいてなおわれわれはいつも形容詞の飢饉《ききん》を感じているのである。これに対する応急策としては、かの何々的というやつはむしろあさましい鼻元思案《はなもとじあん》であった。歴史になんらの根拠がないのみか、中国の元方《もとかた》においてもそんな風には「的」は使っていない。幸いにして今はまだ年寄りや女子供はこれを顧《かえり》みず、歌謡文芸にまで取り入れようとするほどの勇敢な者もないからよいようなものの、こんなものが日本の標準語になるようであったら、それこそ大変な話ではあるまいか。

（柳田国男『国語の将来』）

漢字の自由な造語力を示す接辞の一つ「的」は、すでに明治後期には英語を翻訳する必要から多用されるようになりました。現在では「積極的」「抽象的」「国際的」などを「あさましい鼻元思案」と感じる人はいないでしょう。柳田国男のこの批判を聞いて、最近の若者の「ぼく的には」とか「私的には」とかいう表現を嘆く識者たちを思い出すのは、筆者だけでしょうか。

ことばは生き物

こうしてみると、一〇〇〇年という時を超えて、いつの世でも、知識人・文化人といわれる識者たちが「ことばの乱れ」を糾弾し続けていることがわかるでしょう。三島由紀夫にいたっては、「日本語がますます雑多になり、雑《ざっ》駁《ぱく》になり、現代の風潮にしたがって与太者の言葉が紳士の言葉と混りあい、娼婦の言葉が令嬢の言葉と混りあうようなこの時代に、気品と格調ある文章を求めるのは時代錯誤かもしれませんが」（『文章読本』）とまで非難しています。しかし逆に、一〇〇〇年の長きにわたって「日本語が乱れている」という非難が続けられている事実から、「乱れる」ことこそ「ことばの本質」であるとも考えられるでしょう。そして、それに対する非難が繰り返されている事実は、ことばに伴う人間の「規範意識」もまた避けがたいということを示しているのでしょう。

そもそも、「ことばが乱れる」とはどういうことなのでしょう。「乱れ」の基準となる「正しい日本語」とはいったい何なのでしょう。そして、口々に叫ばれる「美しい日本語」とはどんな姿をしているのでしょうか。

ことばは動き変化するものです。それは、人間が動き変化する、つまりは生きていることと同じなのです。「ことばは生き物」。おそらくこれは、「人間が生き物」であることと同様に、真実でしょう。だから、「日本語が乱れている」と嘆くのをほんの少しやめてみてはどうでしょうか。そして、まず初めに、大きな時間の流れと地理的空間の中に「現在の日本語」を置いて見つめなおし、「絶え間なく流動し変化する日本語」の姿をとらえてみませんか。そうすればきっと、「乱れ」としか思えなかったものが、実は、ある規則に従った「言語変化」であること、また、それは、大きな時間の流れの中では繰り返し起きていることが、実感されるでしょう。

若者は「ことばの乱れ」の元凶か

ことばを乱しているのはだれか

【問い】　次のことばの意味がわかりますか。

(1)モガ・モボ　(2)トテシャン　(3)ジャズる　(4)アジる
(5)頭にくる　(6)駄弁る　(7)ナウい　(8)うざい
(9)テンパる　(10)バリサン

「日本語が乱れている」と感じている人は知識人や年配の人ばかりではないことが『平成十二年度国語に関する世論調査』(文化庁)を見るとわかります。「あなたは、ふだんの生活で接する人やテレビで見る人などの言葉遣いが、乱れていると感じることがありますか」という質問に対する答えは、「よくある」「時々ある」「たまにある」の三つを合わせると八八・九％、つまり、約九割の人が「日本語が乱れている」と感じていることになります（図1）。

その「よくある」「時々ある」「たまにある」と答えた人に、「どんな年齢の人の言葉遣いが、乱れていると感じることが多いですか」とたずねた結果は、「中学生や高校生」が五四・〇％、「二十歳前後から三十歳前ぐらいまでの若者」が二六・七％となっていて、若者という範疇《はんちゅう》に属するこの二つの世代が一位・二位を占めています。この二つを合わせると、どうやら約八割の人たちが若者の言葉遣いに乱れを感じているということになるようです（図2）。

約九割の人が「日本語が乱れている」と感じ、その大半が、若者の言葉遣いが乱れていると感じている――。こうなると、日本語の「乱れの元凶」は若者が使うことばにある、と言ってもよさそうです。

一口に「若者」と言いますが、私たちはどのぐらいの年齢をさしてこのことばを使っているのでしょうか。永瀬治郎によると「一般的に親からある程度精神的に独立して、友達と群れを作り、自分たちの世界を持つようになる年代で、社会的な責任や義務などからあ

【質問】あなたは，ふだんの生活で接する人やテレビで見る人などの言葉遣いが，乱れていると感じることはありますか

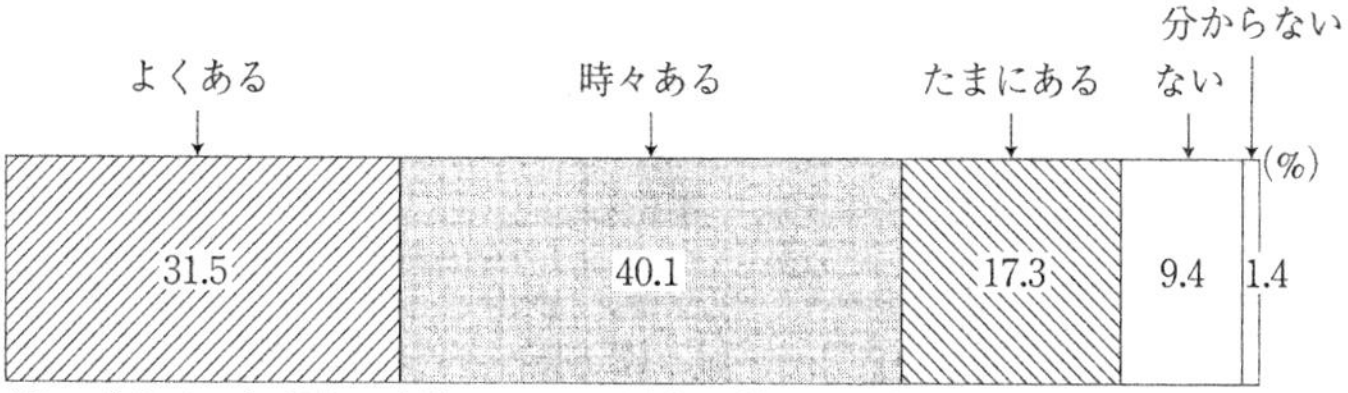

（注：感じることがある人数＝88.9%，対象人数＝2,192）

図１　言葉遣いの乱れ

（『平成12年度国語に関する世論調査』文化庁）

【質問】（「よくある」「時々ある」「たまにある」と答えた人に）どんな年齢の人の言葉遣いが，乱れていると感じることが多いですか．ここに挙げた中から一つ選んで下さい

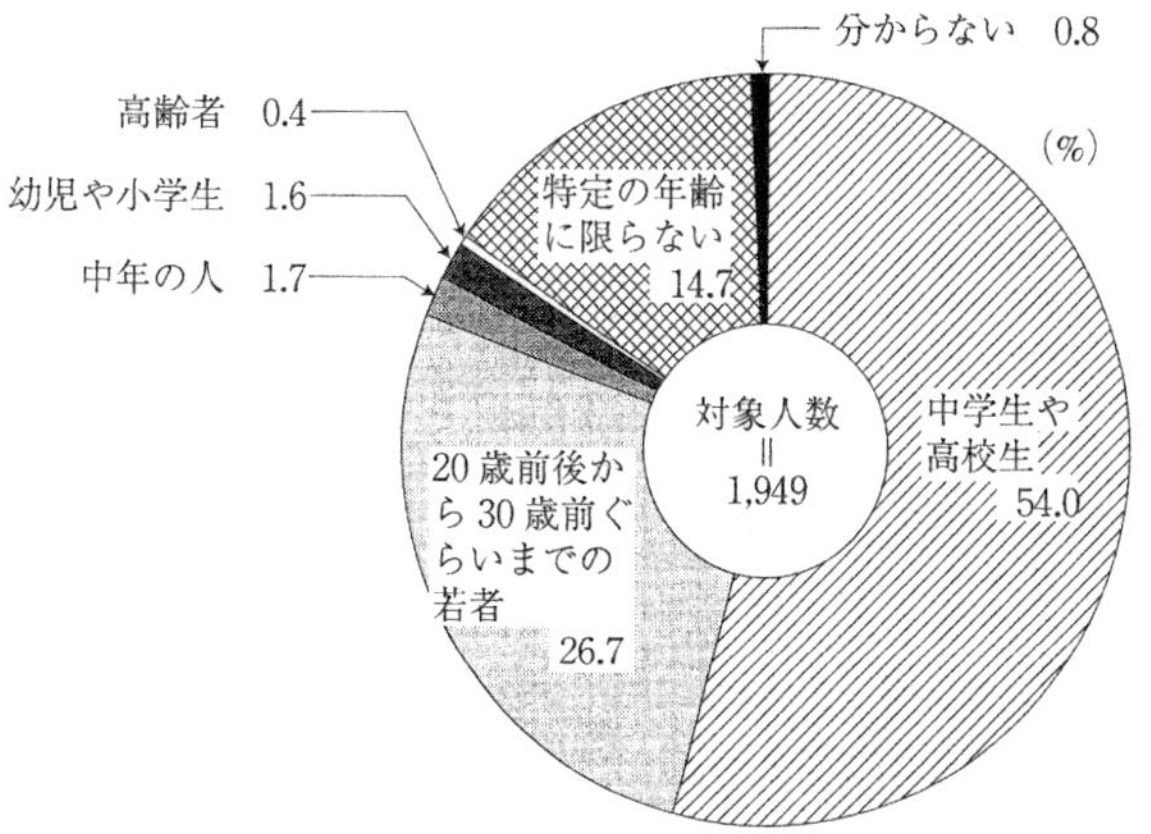

図２　乱れていると感じる年齢層

（前掲同書）

る程度自由である年代、すなわち、中学生から高校、大学生までの年代をさす」（永瀬治郎『日本語学』一九九九年九月号）ということですが、一般的に考えて十代から二十代前半の年齢と言ってよいでしょう。当然のことながら、いつの時代にも「若者」と呼ばれる世代は存在し、その「若者」も時がたてば「若者」でなくなり、次の世代へ「若者」の地位を譲っていくのです。そんな「若者」が「ことばを乱している」のは、現代特有の現象なのでしょうか。

「若者ことば」の歴史的変遷

冒頭の【問い】のことばは、大正時代に始まり平成の現在にいたる、いわゆる「若者ことば」と言われるもので、すべて、その時代その時代の「若者」が発信したことばです。「モガ・モボ」が「モダンガール・モダンボーイ」を短縮した言い方で、「トテシャン」が「とてもシャン（美人）」（schön はドイツ語の「美しい」）の短縮形だということがわかる方は、かなり上の世代でしょう。「ジャズる」が「ジャズを聴く」、「アジる」が「扇動する」。これらは大正から昭和期にかけて若者が作り出したことばです。たぶん、これらのことばが最初に使われたときは、世の大人たちは、顔をしかめたことでしょう。でもそれらは、ある場合には、たとえば「アジる」や「頭にくる」などのように、いつのまにか広まってみんなが使う一般語になったり、ある場合には、たとえば「モガ・モボ」や「トテシャン」のように、そのもともとの意味や語源がすっかりわからなくなって古語の仲間入りをしたりしています。

　こうしてみると、どの時代においても、「親からある程度精神的に独立して、友達と群れを作り、自分たちの世界を持つようになる年代」「社会的な責任や義務などからはある程度自由である年代」の若者たちは、上の年代のことばや標準語の持つ規範に反発したり、仲間意識を強めようとしたりして、また、ことば遊びの要素も加わって、自分たちのことばを形成していくものなのだと理解されます。いつの時代にも若者たちは、ことばを通して「変革者たらん」としているのかもしれません。そうして作り出された「若者ことば」は、単にそのときの流行語として消えていくものばかりではなく、時代を超えて年代を超えて、新しい日本語の語彙として定着していくものもあるのです。そういう意味では、「若者」は「新しいことばの創造者」とも言えるのではないでしょうか。

　三十代前半の大学講師が授業中、私語をしている学生に向かって、「君たち、うざいんだけど、教室から出てってくれない？」と注意したという話を聞いたことがあります。そのあと、ピタッと学生の私語がなくなったとか。学生はこの先生の授業では私語すると「やばい！」と、直感的に感じ取ったのかもしれません。たった一つの（若者）ことばだけで、コミュニケーションが瞬時に成立した例でしょう。

　どんなに大人が若者のことばの「乱れ」を嘆いても、その嘆きもむなしく、若者はどんどん新しいことばを発明し、文法を動かし、発音を変えていきます。そして、その中で残るべき価値のないものは自然に消滅し、逆に残るべき価値を持つものは自然に残る、というのが、世の常だということなのです。

【問いの答え】 (1)モガ・モボ＝モダンガール・モダンボーイ。(2)トテシャン＝とても美人。(3)ジャズる＝ジャズを聴く。(4)アジる＝扇動する。(5)頭にくる＝非常に腹が立つ。(6)駄弁る＝無駄話をする。(7)ナウい＝今風だ。(8)うざい＝「うざったい」の短縮形、うっとうしい、不愉快だ。(9)テンパる＝正気を失う。(10)バリサン＝携帯電話の電波表示が三本たっていること、電波のつながりがよい状態。

文法は崩れていくのか

文法は変化する

さまざまな局面において日本語が変化する（乱れる？）昨今、とくに日本語の文法に関わる変化（乱れ？）は、日本語が「崩れていく」ように見えるかもしれません。しかし、その「崩れ方」を分析し、歴史的・地理的に見てみると、それは、けっして新たな「崩れ」ではなく、大きな文法の規則が働いた結果でもあることがわかります。ここでは文法の変化に関わるいくつかの事象について、考え直してみようと思います。

「ら抜きことば」は正しくない？

【問い】 次のことばのうち、「ら抜きことば」はどれだと思いますか。
①見れる　②寝れる　③考えれる　④読める　⑤書ける
⑥帰れる　⑦走れる　⑧切れる　⑨行かれる　⑩来れる

「ら抜きことば」とは、一段活用動詞（「見る」「寝る」など）や不規則動詞「来る」を可能の意味にするときに、「見られる」「寝られる」「来られる」ではなく「見れる」「寝れる」「来れる」のように「ら」を抜く言い方のことです。したがって、正解は、一段動詞（学校文法でいう上一段動詞と下一段動詞を合わせたもの）「見る」「寝る」「考える」と不規則動詞「来る」の可能を表す「①見れる」「②寝れる」「③考えれる」「⑩来れる」で、これらがいわゆる「ら抜きことば」と言われるものです。つまり「見られる」が「正しく」、「見れる」は「誤り」だというわけです。この「ら抜きことば」が「ことばの乱れ」の槍玉にあげられてから、ずいぶん時がたちます。以前は、人の「ら抜きことば」を撲滅してまわる人物を描いた『ら抜きの殺意』（永井愛）などという書物も出現しました。

しかし、「④読める」「⑤書ける」「⑨行かれる」は「読めらる」「書けらる」「行かられる」とは言わないので「ら抜き」ではないとしても、「⑥帰れる」「⑦走れる」「⑧切れる」は「帰られる」「走られる」「切られる」から「ら」が抜けたものとは考えられないでしょうか。

学校文法では「読める」「書ける」「帰れる」「走れる」を独立した可能動詞だとしています。しかし、歴史をたどれば、可能の意味の「読まれる」「書かれる」「帰られる」「走られる」も日本語には存在していたし、今でも世代や地方によっては、これらは可能の意味でも使われています。だから、「帰れる」を「帰られる」の「ら抜き」と考えることも、実はできるのです。「見れる」を「ら抜きことば」として非難し、「帰れる」を可能動詞として「正しい」とする基準は、きわめてあいまいで恣意的なものだと言えます。

ここで少し時代をさかのぼってみましょう。十七世紀以降、動詞の可能形は、五段動詞も一段動詞も、

yomu（読む）→yomareru（読まれる）　kaku（書く）→kakareru（書かれる）

miru（見る）→mirareru（見られる）

のように、「―u→―areru」という規則で作っていました。つまり、五段動詞「帰る」「走る」の可能形も、「帰られる」「走られる」という形が規範だとされたのです。ところが、五段動詞のほうが先に変化を起こし、十九世紀にはその変化が加速されて「読める」「書ける」「帰れる」「走れる」という可能動詞が形成されました（小松英雄『日本語はなぜ変化するか』）。現在でも五段動詞「行く」は「六時までには行かれると思うよ」などと言うことがあるように、「行かれる」と「行ける」といった二つの形式が使われているのは、そ

の変化の名残なのです。このような、五段動詞に先に起きていた変化が、近代に入って一段動詞と不規則動詞の「来る」にも起きたことによって、「ら抜きことば」と言われる形式が生じたと考えられます。この「ら抜き」という変化によって、

yomu（読む）→yomeru（読める）　miru（見る）→mireru（見れる）
neru（寝る）→nereru（寝れる）　kuru（来る）→koreru（来れる）

というように、五段動詞も一段動詞も不規則動詞の「来る」も、可能形は「―u→―eru」という規則で統一されたことになります（残るもう一つの不規則動詞「する」の可能形は今のところ「できる」ですが）。そして、これで、五段動詞も一段動詞もどちらも「書ける」「見れる」という可能形を持つことができたのです。

なぜこのような変化が起きたかと言うと、「（ら）れる」は、主なものだけでも「受身・可能・尊敬」の三つの働きを持っていて、一語が担う機能としては重過ぎるのです。ですから、「見れる」「食べれる」を「可能」、「見られる」「食べられる」を「受身」と、違う語形に分けて働きを分担したほうが、コミュニケーション上、効率がよいわけです。また、五段動詞のほうは、すでに、可能が「読める」、受身が「読まれる」と役割分担されているのですから、同じように、一段動詞も可能は「見れる」、受身は「見られる」としたほうが、均整の取れた形にもなります。こうなると、この「ら抜きことば」は「誤り」や

「ことばの乱れ」ではなく、言語変化の大原則「単純化、合理化」にのっとった「ことばの変化の必然的な流れ」と考えるのが自然なことだとわかるでしょう。

可能の「見られる」「寝られる」という「正しい日本語」の「ら付きことば」が消滅し、かつては「文法的な誤り」として非難された「ら抜きことば」が「正しい日本語」にとって代わるのは、時間の問題のように思われます。

「ら付きことば」は自然？

しかしながら、これまで見てきた「ら抜きことば」はあくまでも標準語からとらえた存在であることも見逃せません。視点を変えて見ると、可能の「見られる」「食べられる」という「ら付きことば」が初めから存在しない地域もあるのです。

中村通夫によれば、東京語では「ら付き」を「ら抜き」にする用法が、昭和三、四年ころ出現したそうです（中村通夫「『来れる』『見れる』『食べれる』などという言い方についての覚書」『金田一京助古稀記念論文集』）。それに対して、すでに明治三十年代以前に、国語学者松下大三郎によって、出身地静岡県の方言では「逃げれる」「受けれる」という「ら抜きことば」が使われていることが報告されています（松下大三郎『校訂 日本俗語文典付遠江文典』）。また、明治時代の国学者三矢重松によっても、故郷の山形県鶴岡市の方言では「起きれる」「受けれる」と言うと記されているそうです（井上史雄他編『辞典〈新しい日本語〉』）。さらに、『方言文法全国地図』（国立国語研究所）を見ると、「起きれる」「着れる」「着れない・着れん」が中部地方各地、中・四国地方各地に散在し、ことに岐阜県に密に存在していることがわかります。

このような地域にあっては、むしろ「見られる」「食べられる」といった「ら付きことば」のほうが、不自然で美しくなく感じられる場合もあるでしょう。結局は、「ことばの美しさ、正しさ」というのは、「自分のことば」とどれほど一致しているか、していないかによって、判定されるものなのです。

以下に示したのは、一九九五年十一月、第二十期国語審議会の答申が出たときに新聞に掲載された、岐阜県在住の読者の投稿です。「ことばの正しさ」「ことばの美しさ」を考える上で、地方からの発言も参考にしてみてください。

［みんなの広場］「ら抜き言葉」は古里の言葉　主婦・加藤泰子　44（岐阜県土岐市）

岐阜県に生まれ育った私は、子どものころから「食べれる」を普段よく使う。先日も地元の料理講習会に参加したが、「生でも食べれる」と、ら抜き言葉が頻繁に飛び交っていた。「食べられる」はあまり聞かれないが、「食べる」の丁寧語として年配者が使うこの地方では、「食べれる」と「食べられる」は意味の違う言葉として使われている。国語審議会は「ら抜き言葉」は公的表現として認めないとしたが、一方、方言は大切にしようとも言っている。「食べれる」や「見れる」は、決して若者の造語ではなく、流行語でもない。立派な古里言葉である。舌をかむような「ら付き言葉」より「食べれる」「見れる」の方が言いやすく、今風でもある。「見れる」など一部の辞書に載るようになったが、そのうち市民権を得ると楽観している。

（『毎日新聞』一九九五年十一月十八日朝刊五面）

「ら抜きことば」を「立派な古里言葉」と言い、「舌をかむような「ら付き言葉」より「食べれる」「見れる」のほうが言いやすく、今風」だとする人々から見れば、「ら付き言葉」のほうこそ「正しくない」「美しくない」日本語に見えるのかもしれません。

【問い】 次の言い方をすることがありますか。また、聞いたことがありますか。

レタスことば？

①新しいメガネを作ったおかげで、小さい字でも読めれるようになった。
②こんなむずかしい漢字、子どもには書けれないよ。
③元日は快晴だそうだから、初日の出が見れれるね。

さて、「ら抜きことば」がしだいに認知されるようになると、「書けれる、読めれる、見れれる」という二重可能形式が出現しました。まさに、「ことばは生き物」「変化することこそ本来の姿」と言われるゆえんをここに見るような気がします。これらは、可能動詞

「書ける」「読める」と、「ら抜きことば」の「見れる」に、「れ」を加えて作られていることから、「れ足すことば（レタスことば）」と呼ばれています。

なぜこのような語形が生まれたかと言うと、一段動詞の可能形で「見れる」「食べれる」という「ら抜き」が一段落すると、五段動詞の可能形「走れる」「帰れる」と合わせて、動詞に「〜れる」を付ければ可能形が作れることになります。その唯一の例外が、終止形の語尾に「る」を持たない五段動詞「書く」「読む」「飛ぶ」などの可能形「書ける」「読める」「飛べる」なのです。そこで、その「書ける」「読める」「飛べる」に「れ」を入れると「書けれる」「読めれる」「飛べれる」となって、すべての動詞が、「〜れる」を付けるという一つのルールで可能形になる、というわけです。こうなると、可能表現は、かな表記の上からも五段動詞と一段動詞の区別がなくなり、さらに規則が単純化されたことになります。この規則が一段動詞に及んで、「見れれる」という可能形が出現しているのでしょう。このように、他の類型に合わせて既存の表現に変更を加え、これまでの習慣に合わない語形や表現を作り出すことを「類推」と言いますが、この類推によって、言語変化や造語は起こると考えられます。

この「レタスことば」も、実は方言ではずいぶん前から使われていたことが報告されています。『方言文法全国地図』を見ると、長野、高知、岡山、大分などでは、一九一〇年前後生まれの老年層が「読めれる」を使うことがわかります。NHKによる全国のサンプリング調査によると、現在、静岡・岐阜・愛知では「書けれない」をおかしくないと言う人が五割を超えているそうです。最近は、東京近辺でも徐々に広まりつつある「新方言」（地方で使われていた方言が、東京周辺に入り込み、主として若者を中心に広がっていることば）の一つのようです。

筆者は、一〇年以上前に、生育地も居住地も東京である友人の五歳になる子どもが「ぼく、ズボン、一人ではけれるよ」と言うのを聞いたことがあります。その子どもは、きっと、親の使う「見れる」「食べれる」という「ら抜きことば」から類推して「はけれる」を作り出したのでしょう。そのときは、可能動詞「はける」という「正しい形式」にいたる途中に出現した「中間言語」（外国語学習者の誤用に見られる、母語でも目標言語でもない、学習者独自の言語体系）かと思いましたが、今思うと、あの「はけれる」は中間言語ではなく、東京における「レタスことば」の誕生だったのです。

「さ入れことば」は丁寧？

【問い】　次のことばのうち、「さ入れことば」はどれだと思いますか。

①見させる　②来させる　③言わさせる　④開かさせる
⑤休まさせる　⑥着させる　⑦寝させる　⑧勉強させる

最近、改まった場面で「昨日は風邪で休まさせていただきました」「それでは、ただ今より○○会を開かさせていただきます」といった言い方をよく耳にするようになりました。これは、本来の文法規則から言えば、五段動詞「休む」「開く」には使役の助動詞「せる」を付けて「休ませる」「開かせる」としなければならないので、許可を得るときの言い方「～せていただく」にする場合は「休ませていただきます」「開かせていただきます」と言うべきところです。一段動詞「見る」「寝る」には使役の助動詞「させる」が付いて「見させる」「寝させる」となるのですが、その一段動詞のルールを五段動詞にも適用して「休まさせる」「開かさせる」のように、本来必要のない「さ」を入れて作り出されたのが「さ入れことば」と言われるものです。したがって、前述の【問い】の中では、五段動詞に「させる」をつけた「③言わさせる」「④開かさせる」「⑤休まさせる」が誤用であり、これが「さ入れことば」ということになります。

このようにして五段動詞にも「させる」を付けると、「正しい」形式である一段動詞「①見させる」「⑥着させる」「⑦寝させる」、不規則動詞「②来させる」「⑧勉強させる」と合わせて、すべてが「させる」を備えることになることがわかります。これも、文法規則の単純化という変化の一つとしてとらえることができるでしょう。

しかし、この「さ入れことば」は、「ら抜きことば」と違って、いつでもどこでも使われるというわけではなく、今のところ、「～させていただく」という表現に際立って使用されているようです。社会言語学者陣内正敬《じんのうちまさたか》によれば、関西の大学生二〇〇人余りに聞いたところでは、「先に歌わせていただきます」は違和感なし、「先に歌わさせてください」は半数が支持、「先に歌わさせてくれない？」「先に歌わさせて！」の支持は二割程度となって、文脈によってその許容度が落ちていくのだそうです（陣内正敬『日本語の現在《いま》』）。筆者の大学では、学生に「「先生のご本を読ませてください」という文を、敬語を使った言い方に直してください」と言ったところ、「読まさせてください」と直した学生がいました（「拝見させてください」を期待したのですが）。その学生は「「読ませてください」より「読まさせてください」のほうが丁寧な感じがする」と言うのです。

　とすれば、かなり改まった場面で相手に対して丁寧に話そうという意識を強く持ったときに、「休まさせていただきます」「休まさせていただきたいのですが」という「さ入れことば」が出現しやすいと言えます。これは、「一文の長さと丁寧度は比例する」と言われることと無縁ではないでしょう。「休ませていただきます」というより「休まさせていただきます」と言ったほうが、「さ」一拍分の長さだけ、丁寧な感じがするのです。そのせいもあってか、「さ入れことば」は「ら抜きことば」ほど非難の対象にはなっていないようです。この変化には、単に文法規則を「単純化する」というだけでなく、「より丁寧に」という方向性も感じられます。より丁寧な方向へ進もうとする言語変化に対しては、人々の「正しさ」からの指弾は和らぐもののようです。

「さ入れことば」のそもそもの出自は、はっきりわかっていないようですが、関西の敬語表現「〜させていただく」が関東に広がったのは一九五〇年代であると言われています。平成八年度に実施された「国語に関する世論調査」（文化庁）で、「あしたは休ませていただきます」「きょうはこれで帰らせてください」「担当のものを伺わさせます」が「気になるか」どうかを調査していますが、「気にならない」と答えたのは、「休まさせていただきます」が六四・六％、「伺わさせます」が五八・七％、「帰らさせてください」が五〇・〇％となっています。「さ入れことば」も、確実に広がりつつある文法変化の一つと言うことができるでしょう。

こうして見てきてわかることは、「ら抜き」も「れ足す」も「さ入れ」も、それぞれにそれなりの理由があって生じた、ということです。ことばを変化させるものは、何か新しいことを表現したいという人々の気持ちであり、それがうまく文法の形式や体系とマッチしたとき、そこに変化が生まれます。それがことばの歴史の必然的な流れです。大切なのは、今までの枠にしがみついてその変化を「乱れ」や「誤用」だとして切り捨てるのではなく、その変化の奥に隠された規則性や方向性について、広く豊かな知恵を持つことではないでしょうか。そうすれば、より新しい気持ちでことばに接することができるようになると思います。

活用がちがくない？

【問い1】　次の文をおかしいと思いますか。

①通販で買い物したら、思っていたのとちがかった。

②ハワイの海は、すごいきれかったです。

③本物みたく見えるね。

【問い2】　次のうち、おかしいと思うものはどれですか。

超特急、超高層、超いそがしい、超こまる、超むかつく

動詞「違う」の過去形「違った／違っていた」を「チガカッタ」、形容動詞「きれいだ」の過去形「きれいだった」を「キレカッタ」、比況の助動詞「～みたいだ」の連用形「～みたいに」を「～ミタク」と言うのは、最近の「新方言」としてよく取り上げられるものです。社会言語学者井上史雄によると、発生地・本拠地は「キレカッタ」が関西、「チガカッタ」「～ミタク」が福島県あたりで、とくに「チガカッタ」「～ミタク」は、東北南部や関東北部ではすでに一〇〇年近く前から使われていたのではないかということです（井上史雄『日本語は年速一キロで動く』）。地方ではそれほど昔から使われていたものが、東京周辺に入り込んで主として若者を中心に広がったとたんに、「ことばの乱れ」として非難されるというわけです。

動詞「違う」には、「チガク」「チガクテ」「チガクナイ」といった形式も出現していて、これは、「ちがう―ちがくて―ちがくない―ちがかった」という、動詞「違う」の新しい活用法と考えられます。ここで思い出されるのが、「大きい―大きくて―大きくない―大きかった」という形容詞の活用です。動詞「違う」の意味が形容詞的なので、形容詞と同じように活用させ始めたものと思われます。また、「違う」の反対の「正しい」が形容詞なので「正しい―正しかった」「違う―違かった」という類推からできたという説（庵功雄『新しい日本語学入門』）や、「思っていたのとちがかった」は「思っていたのじゃなかった」と言い換えてもあまり意味は変わらないことから、「違う」と形容詞「ない」の意味上の類似性による（三宅知宏『月刊 言語』二〇〇〇年九月号）、という説もあります。「それは私のとはちがい（ちがう）」という終止形はまだ観察されませんが、それに代わるものとして「ちげー」が出現したとも考えられます。「あぶない→あぶねー」「いたい→いてー」となるように、「ちがい→ちげー」と変化したあとの姿として「ちげー」を見なすわけです。

以前、筆者が日本人大学生に、留学生の誤用「チガクナイ」を訂正させようとしたところ、学生たちは「チガクナイ」が正しい日本語であると思っていて、「違わない」という正用がなかなか出てこなかったのには、驚きました。先の井上史雄の『日本語は年速一キロで動く』では、『「チガカッタ」が方言だとしたら、標準語の言い方は何ですか?』と聞いてきた東京育ちの女子学生の話が紹介されていますが、若者の間では、「違う」は形容詞に変貌しつつあることが実感されます。形容詞の丁寧体が「大きいです」となるように、「話しがちがいです（ちがいます）」となる日もそう遠くはないと思われます。

動詞「違う」が意味的な類推から形容詞の活用を持ち始めたのに対して、「キレカッタ」、「ミタク」というのは、「きれい」「みたい」という形態からの類推によって形容詞のように活用させたものと考えられます。とくに、「みたいに」が「本物みたく見える」と変化したのは、「みたい」が「たい」で終わるため、形容詞「重たい」や「食べたい」などの活用からの類推によるものと言われます（井上史雄他編『辞典〈新しい日本語〉』）。

品詞がちがかった?

このように考えると、「チガカッタ」「キレカッタ」「ミタク」は、もともとの品詞である動詞・形容動詞・助動詞からそれぞれが形容詞へと、品詞が転換する途上の一形態ということになります。その一方で、形容詞にも他の品詞へとその使われ方が変化しているものもあります。「すごい暑い」という場合の「すごい」がそれです。「すごい」という形容詞は、連用修飾する場合、「すごく暑い」のように活用するのが規範だとされます。それが、「すごい話を聞いた」のような連体修飾の場合と同じように、活用させずにそのまま「暑い」に接続して、「すごい暑い」「すごいよかった」などと、程度がはなはだしい場合の強調語として、若い人たちを中心に広く用いられています。これは、視点を変えれば、形容詞「すごい」が程度を表す副詞「とても」「たいへん」などと同じように使われている、つまり形容詞から副詞へ品詞が変化した、と見ることもできます。

若者ことばの代表である「超」も、このような品詞の転換の一つと考えられます。【問い2】の「超特急、超高層、超いそがしい、超こまる、超むかつく」のうち、「超特急」「超高層」あたりまでは違和感がなくとも、「超いそがしい」以下になると「許せない！」と思う人がいるのではないでしょうか。「超特急」「超高層」の「超」は名詞に付く接頭辞で、標準語アクセントが「ちょ**うと**っきゅう」「ちょ**うこ**うそう」とアクセントの核（下がる部分）は一箇所であることからもわかるように、「超特急」「超高層」全体でそれぞれ一語なのです。しかし、形容詞、動詞に付いて「超いそがしい」「超こまる」になると、アクセントは「**ちょ**ういそ**がし**い」「**ちょ**うこ**ま**る」のように、核が二箇所となって、二語として用いられるようになることがわかります。こうなると、形容詞や動詞に付いた「超」は、接頭辞ではなく、程度がはなはだしいことを表す副詞となったことになります。この、「超」が付くことによってアクセントの核が二つ出現する用法は、「超現実主義」「超法規的」などの言い方に見られる現象で、接頭辞「超」は、ここですでに副詞的な用法を持っていたことになります（もっともこの「超」は、「極端に逸脱し、それを超えている」という、もう一つの意味になりますが）。その副詞的用法が、用言（動詞・形容詞・形容動詞）を修飾するという副詞本来の用法に従って、動詞・形容詞・形容動詞を修飾し始めたのが「超いそがしい、超こまる、超むかつく」などの若者ことばだと考えられます。ですから、「超むかつく」は、それまでの「超」の使用ルールの延長上に出現したものなのです。

一九九七年の慶応中等部の入試問題に、「超むかついた」「超だめな人」「超満員」「超信じられない」「超かっこいい」の中から「超」の使い方の正しいものを選ばせるものがあって、正解を「超満員」としているそうです（橋本五郎『新日本語の現場』）。しかし、井上ひさしによると、昭和八年（一九三三）ごろ「国語が乱れている、けしからん」という大合唱が起こったとき、絶対にやめるべきだとして識者の非難の的となったことばに「超大作」「超特価」「超満員」があったのだそうです。「超」という字をそんなふうに（つまり、接頭辞的に）使ってはいかん、と批判されたのだとか（井上ひさし『日本語よどこへ行く』）。今は入試問題の正解とされる「超満員」も、かつては非難の対象となったものだったのです。まさに、「歴史は繰り返す」ということでしょうか。どこまでが正しく、どこからが間違っているなどという線引きを入試問題で問うことは、実際上、不可能なことなのです。

日本語の「美しさ」「豊かさ」とは何か

外来語は氾濫しているのか

「ケータイ」も外来語？

「ことばの乱れ」の一つの要因として「外来語の氾濫」が糾弾《きゅうだん》されるのも、もう定番になりました。近年の「外来語の氾濫」については、その量と速度が今までになく圧倒的だと感じる人が多いようで、日本語が外国語に侵食されるという危機感を口にする人や、日本語の国際化のためには喜ばしいことだとする人など、賛否両論、侃々諤々《かんかんがくがく》の議論があります。社会のあらゆる分野において、意味のよくわからない外国語が、日本語に置き換えられることもなく、カタカナ語となって怒濤のように溢れている——そのような危惧を唱える声に押されてか、国立国語研究所は、わけのわからない外来語を減らそうと、二〇〇三年十一月までに外来語の言い換え案一〇九語を提案しました。

【問い】　次のカタカナ語と漢語のどちらがわかりやすいですか。

①アイデンティティ＝独自性、自己認識　②アーカイブ＝保存記録・記録保存館

③インキュベーション＝起業支援　④グランドデザイン＝全体構想

⑤オンデマンド＝注文対応　⑥ノーマライゼーション＝等生化

⑦インフォームド・コンセント＝納得診療、説明と同意　⑧リアルタイム＝即時

⑨ボーダーレス＝無境界、脱境界　⑩マーケティング＝市場戦略

外来語、外国語はカタカナ表記されるため、最近では「カタカナ語」とか「カタカナことば」と呼ばれるようです。【問い】は、二〇〇三年に国立国語研究所が提案した、外来語の言い換え案のいくつかです。カタカナ語と漢語のどちらがわかりやすかったでしょうか。それは、一律には出ない答えだと思います。一人ひとりの年齢や職業、興味や趣味に応じて、それぞれのことばに対する親密度が異なるからです。ためしに、みなさんの周りの人々にどちらがわかりやすいか、たずねてみてください。

『日本語よどこへ行く』の中で、岩波書店の増井元は一九九八年出版の『広辞苑　第五版』では一〇・一％ぐらいがカタカナ語で、新語として収録された一万語のうち三つに一

つがカタカナ語だと述べています。『広辞苑』のカタカナ語は、一九八三年の第三版で八・五％、一九九一年の第四版は九・二％だったそうですから、日本語の語彙の中でカタカナ語が増えていることは確かなようです。さらに同書の中では井上史雄によって、「羞恥レス」「アン信じラブル」「オタッキー」のように、若者が英語の単語を増やすための技術を日本語に用い始めたことや、「フライデー」などの雑誌のタイトルだけでなく、社名にも英語的なつづりが用いられたり、テレビCMで「ヒタチ」「ミキ」などの商標名が外国語風に発音されたりといった最新の現象が指摘されています。新しくてかっこいいというイメージと言葉遊びの感覚で若者がカタカナ語に傾倒し、その若者をターゲットとしたファッション・AV機器などでカタカナ語を利用し、専門性と知的イメージを求めて政治経済の分野でも専門用語がカタカナ語化され、柔らかいイメージとあいまいにする効果を狙って医療・福祉の分野でもカタカナ語が用いられる……私たちの周りはカタカナ語だらけ。そう感じるのも無理のない現状だとも言えます。

外来語は「純粋な日本語」じゃない？

先に、「「外来語の氾濫」は「ことばの乱れ」の定番」と書きましたが、「外来語の……」と言ったらすぐに「氾濫」ということばが浮かぶほど、「外来語」は「ことばの乱れ」の素として敵視され続けてきた感があります。「ことばの乱れ」が嘆かれるとき、必ずと言ってよいほど「外来語の氾濫」が嘆かれるのです。それは、「外来語」を広めるのは往々にして若者であるということと関係はないでしょうか。そして、それは「正しい日本語」「美しい日本語」、ひいては「純粋な日本語」を求める心と同調するからではないでしょうか。では、その「純粋な日本語」に「外来語」が入ってきたのは、いったいいつごろからなのでしょう。ここで少し、「外来語」に焦点を絞って、日本語の語彙史を概観してみようと思います。

どの言語も、他言語との接触によって、その言語体系にはさまざまな変化が生じますが、外国語から自国語の中に取り入れた語を「借用語」と呼びます。日本語の語彙の中で「外来語」とされるものは、中国からの借用語である漢語を除くのがふつうで、したがって、「洋語」と言い換えられるものです。ここでは、日本語に入った外国語という視点から「外来語」をとらえることにして、漢語を含めて「外来語」の歴史を振り返ることにします。

最初の外来語はどこから来たか

日本語に最初に入った外来語は、先住民族アイヌ人のことばでしょう。「ラッコ」「トナカイ」などや北海道の地名にその痕跡があります。日本列島の外から最初に流入した外来語は、中国文化とともに入ってきた中国語、朝鮮語です。上代《じょうだい》（奈良時代およびそれ以前）に漢字とともに輸入された中国語は、漢語として日本語の中に定着しました。そのころ漢語は書いたものの中だけで使われていたので、読み書きできる人々、つまり知的階層に限って使用される専門用語のレベルのものがほとんどでした。なかには、仏教や中国の文物の輸入に伴って「餓鬼《がき》」「蠟《ろう》燭《そく》」「茶」「胡麻《ごま》」「食堂《じきどう》」など、日常語の中に入ったものもありますが、仏教語の「和《お》尚《しょう》」「卒塔婆《そとば》」や「曼荼羅《まんだら》」などはインド出自のもの（梵語《ぼんご》）です。漢語は、中古（平安時代）に入って日常語化し始めますが、まだこのころは、男性は漢語、女性は和語というように性別による使い分けがなされていました。

　中世（鎌倉時代）になると、漢語は男女に限らず実用語として広く使われるようになりました。中世末（室町時代）には、ポルトガル人によって「カッパ（合羽）」「タバコ（煙草）」「テンプラ（天麩羅）」「カルタ（歌留多）」「カボチャ（南瓜）」「コンペイトウ（金平糖）」「ビードロ」「パン」などが伝えられました。現在、「天ぷら（天麩羅）」を、日本を代表する料理だと思っている日本人も多いのではないでしょうか。「カボチャ（南瓜）」が「カンボジアでできた瓜」という意味で使われたポルトガル語だということを知っている日本人は、それほど多くはないでしょう。「コンペイトウ（金平糖）」の甘さを深く味わった経験のある方は、かなり年配の方ではありませんか。

　これらのことばは、現在では長い年月がたち、なかには漢字表記されるものもあって、すでに外来語という認識が消滅しかけています。「雨合羽（あまガッパ）」や「いろはガルタ」のように、和語にしか起こらない連濁現象（二語が合わさって一語を作るとき、後の語の語頭が濁音化する現象）が見られるものもあって、この時代に入ってきた外来語は、今やすっかり日本語の中に溶け込み、もはや外来語の面影を失っているのです。ということは、日本語の中に存在する外来語は、けっして若者や一部の新し物好きの専売特許ではないということになります。

明治期の「外来語の氾濫」

さらに、近世（江戸時代）後期には、オランダから蘭学とともに「メス」「アルコール」「ガラス」などのオランダ語が入ってきました。このような外国語は、一部を除いて専門用語的に使われていましたが、幕末の黒船《くろふね》来航から明治十年代にかけて、つまり近代に入ると、西洋の文物が溢れるように流入し、それを翻訳するための和製漢語が氾濫して一般庶民の生活にまで入り込みました。近代以降の外来語の歴史については、『日本語百科大事典』（大修館書店）を参考にしながら概観することにします。

日本は、明治維新直後、急速に英語熱が高まり、横浜では商店の番頭や小僧までが塾に通って英語を習って耳から覚え、いわゆる「横浜英語」と呼ばれるかたこと英語を使ったのだそうです。一方、書生たちは目から英語を覚え使いました。その「書生英語」は、吉原などの遊郭で遊ぶことをプレイ、芸者をキャット、お金をエム、娼妓《しょうぎ》をプロというように、隠語的なものが多かったようです。次は、そのころ書かれた坪内逍遙《つぼうちしょうよう》の『当世書《とうせいしょ》生気質《せいかたぎ》』の一節です。

それも旧幕《きうばく》の頃《ころ》であれバ。探鑿《たんさく》が行届《ゆきとど》かない。といふ事《こと》もあらうが。金《かね》があるまゝ金《かね》にあかして。其筋《そのすぢ》の人にも依頼《いらい》をして。七八年來《ねんらい》さがしたのが。ノウ、サクセツス（無効《むかう》）であつて見《み》れバマザア（母親《かかさん》）も妹《いもと》も流丸《ながれだま》で。死んでしまつたに相違《さうゐ》ない。それが恙《つつが》なく存命《ながらへ》て居《ゐ》て。娼妓《しやうぎ》になつて居やうなどとハ。俗《ぞく》に所謂《いはゆる》心《こころ》の迷《まよ》ひで。アイデヤリズム（架空癖《かくうへき》）の頂上《てつぺん》だと。漸《やうや》く心《こころ》が附《つ》いて見ると。我《われ》ながら私《ひそか》に恥《はづ》かしくなつて。早々《そうそう》下宿《げしゆく》へ還《かへ》つたがネ。マア考へて見たまへヨ。若此時《もしこのとき》に我輩《わがはい》が。アイデヤリズム（架空癖《かくうへき》）の奴隷《どれい》になつて。彼《か》のプロ（娼妓《しやうぎ》）の処《とこ》へ行《いつ》たものなら。それこそデンゼラス（劒呑《けんのん》）きはまつた話《はなし》さ。

（『坪内逍遙集　明治文学全集16』筑摩書房、傍線引用者）

明治二十年代から第一次世界大戦にかけて、英語の時間数が増えたことが外来語の浸透を促しました。「ノックする」「スケッチする」のようなサ変動詞や、「センチメンタルな」「ロマンチックな」といった形容動詞としての用法が使われ始めたのはこの時期で、ベースボール・ローンテニス・ボートレースが盛んになって、スポーツ外来語も出現しました。

外来語の浸透

第一次世界大戦から関東大震災まで、つまり大正デモクラシーの時代には、教育が普及しインテリ層も拡大して、外来語が広く一般大衆に浸透していきます。労働運動用語が多く目に付くようになり、「アナーキー」「プロレタリア」「ブルジョア」「インテリゲンチャ」「イデオロギー」「サボタージュ」「ドグマ」などが生まれました。「アナーキー」が「アナ」、「アパートメント」が「アパート」、「サボタージュ」が「サボ」と、外来語の略語が増えたのもこの期の特徴です。また、「スタートを切る」「ピッチを上げる」「ベストを尽くす」など、外来語を使った慣用句も増え、和製英語も「オールバック」「オートバイ」「サラリーマン」など、いろいろ現れています。

外来語の最盛期

外来語の最盛期は、関東大震災から昭和十年ころまでとされています。ヨーロッパ文明からアメリカ文明へ一挙に方向転換し、アメリカニズムが急速に進行した時代です。巷《ちまた》に英語が氾濫し、最新流行語を集めた辞典が次々に出版されました。ラジオ放送の野球中継では一分間に平均一五語、新聞には一日平均九五四語、雑誌『中央公論』『改造』『婦人倶楽部』『婦人公論』『主婦の友』では一ページ平均一九・二語の外来語が使われていたといいます。最近、『読売新聞』が二〇〇二年十二月十日朝刊（一三ページ分）でカタカナ語の延べ語数を調べたところ、総数六九五語、一ページ当たり五三・五語のカタカナ語が使われていたそうです（『日本語学』二〇〇三年七月号）。

おもしろいことに、単純に新聞の数字だけを比較すると、実は、現在のほうが当時よりも外来語の使用頻度は低いのです。

この時代には、学生や労働者の間で、名詞の短縮形に「る」を付けて動詞化した外来語が多く作り出されました。たとえば、「アジる」「エロる」「ジャズる」「タクる」「デモる」「テロる」「ニヒる」「バーバる」などです。今の若者ことばと思われている「タクる」はすでにこの期に誕生しており、同じ造語法によって、現在「コピる」「カフェる」などが生まれたことがわかります（「エロる」は、今は形容詞「エロい」）。原語のフレーズをそのまま使うようになったのもこの期に起きた現象で、「アットホーム」「アトランダム」「アラカルト」「オンパレード」「クローズアップ」「ピックアップ」などが生まれました。「イニシアチブをとる」「オブラートに包む」「ピリオドを打つ」「ピントが外れる」などの新しい慣用句も増えました。「モダンボーイ」「モダンガール」「オフィスガール」など和製英語も盛んに作られ、「‐イズム」「アンチ‐」「セミ‐」「ノン‐」などの接辞的なものも使われ始めました。

こうしてみると、一〇〇〇年以上前に日本語の最初の文字として中国から漢字を輸入したことに始まり、日本語がいかに長期間にわたって外国からさまざまな語彙を輸入し続けてきたか、わかるでしょう。さかのぼり得る書記言語としての日本語の歴史が始まるとほぼ同時に、「外来語の氾濫」は起こっていたのだと考えてもよいほどです。日本語は、その成立時から外国のことばを柔軟に受け入れることによって、より豊かな言語となっていったのです。

カタカナ語容認派？反対派？

『日本・日本語・日本人』の中で森本哲郎は、カタカナ語を使うことはことばをデジタル化することだとして、「カタカナ語を使うことで、言語のもっている歴史性を失う。一つの単語にも、その言葉にまつわる情緒なり価値観なりがぎっしり詰まっている。それを記号化することで、とたんに言葉の持つ重みがなくなってしまう」と、「外来語の氾濫」を強く非難します。また、森本哲郎は同書の中で「カタカナ語が氾濫する現在の日本の状況は、奈良朝から平安朝の漢語輸入時代と少しも変わらない。このような一知半解の外来語の洪水で、日本人の思考力はどのようになってしまうのだろう。漢語とおなじようにカタカナ語を和製漢語にして日本語化する可能性は充分考えられるが――いや、すでにそうなりつつある――私がいちばん憂えるのは、日本語の骨格そのものまでが崩れて、そのあげく変質した日本語が思考や感情を奇妙にゆがめてしまうのではないか、という点である」と述べ、そして、こう続けます。「日本人に課せられているのは、自分たちの精神を形づくっている言葉、日本語の性格を、あらためて反省し、自覚し、的確な、そして美しい言語へと高めていくこと、それ以外に

【質問】日常生活の中で，外来語や外国語などのカタカナ語を交えて話したり書いたりしていることを，あなたは，どちらかと言うと好ましいと感じますか，どちらかと言うと好ましくないと感じますか，それとも，別に何も感じませんか

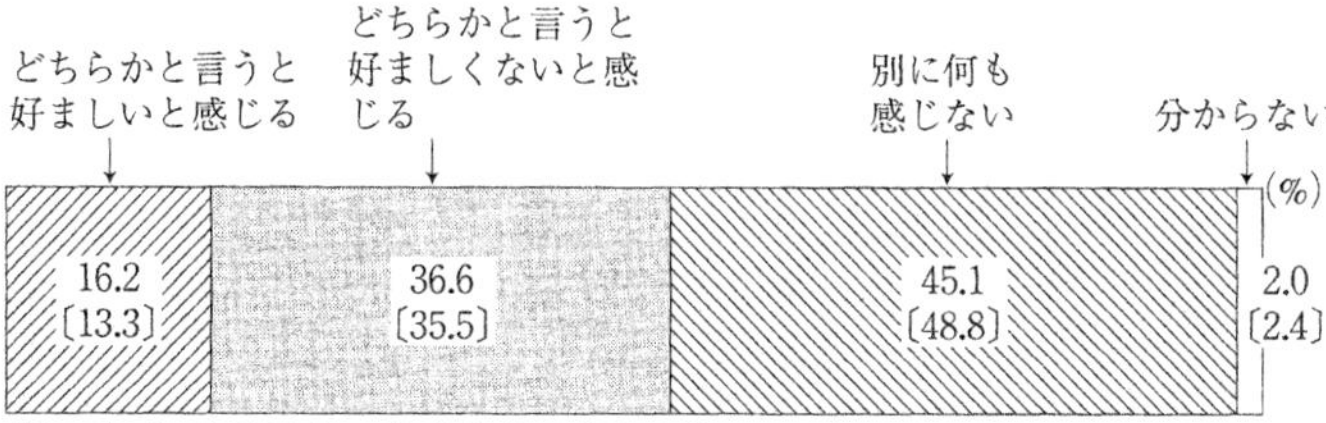

（注：〔　〕内は平成11年度結果，対象人数＝2,196）

図3　カタカナ語を交えて話したり書いたりしていることについて
（『平成14年度国語に関する世論調査』文化庁）

ない」。このようにして「外来語」の排斥は、「正しい日本語」「美しい日本語」の主張へとつながっていくのです。

　このような、断固としたカタカナ語敵視論がある一方で、『平成十四年度国語に関する世論調査』（文化庁）では、「カタカナ語を交えて話したり書いたりしていることについてどう思うか」という質問に対する回答として、「好ましくないと感じる」人三六・六％、「好ましいと感じる」人一六・二％、「別に何も感じない」人四五・一％という結果が出ています（図3）。「好ましい」人と「別に何も感じない」人を加えると六一・三％、これは「好ましくないと感じる」人の倍近い数値になり、カタカナ語に対して日本人はそれほどの「敵意」を抱いていないことがわかって、ほっとした気持ちになります。

外来語弱者と言われるお年寄りや外国人に対する配慮さえ忘れなければ、カタカナ語の増殖にそれほど目くじらを立てることはないと思うのです。先の国立国語研究所の外来語の言い換え案を見てもわかるように、漢語とカタカナ語のどちらがわかりやすいなどということを一律に決めることは不可能なのです。そうだとしたら、一人ひとりが、わかりにくいほうの語彙を自分の中に新しく取り込んでいってはどうでしょう。人間一人が所有できる語彙量は限られているとも言われますが、バイリンガルやトリリンガルもけっして珍しい時代ではありません。多様なことばの存在を知ることは、多様な他者を理解することにもつながるはずです。「わからない」「わかりにくい」ものを拒否するのではなく、それを理解しようとすることこそが大切なのではないでしょうか。過去において常にそうだったように、今もなお、同じ日本語の中にバイリンガルやトリリンガルとも比喩されるような他言語が包容されているのです。その素晴らしさをもっと積極的に享受してみてはどうでしょう。

さて、皆さんはカタカナ語の容認派、それとも反対派、どちらですか。

敬語の使い方は乱れているのか

敬語は必要か

「ことばの乱れ」が取り沙汰されるときのもう一つの定番が「敬語」の問題です。『平成十四年度国語に関する世論調査』（同書）で、「日本人の国語力について社会全般においてどのような点に課題があるか」をたずねたところ、「敬語等の知識」と答えた人が三五・五％、これは、一位の「考えをまとめ文章を構成する力」三六・〇％とほぼ並んだ数値です。平成七年度の同調査では、「敬語を使えている」（六七・三％）と「使いたいと思うが十分に使えていない」（二九・二％）を合わせた九六・五％の人が敬語を使うことに肯定的であると報告されています。敬語の使い方を厄介で難解であると感じながらも、大多数の日本人が「敬語は必要だ」と考えている（九三・七％＝平成四年度総理府調査）。これが、現在の、敬語に対する日本社会の認識のようです。では、敬語が「正しく」使えるようになるには、どんな「知識」が必要なのでしょうか。

「お寒うございます」は間違い？

【問い】　敬語の使い方としてどれが正しいと思いますか。

①鈴木さんはおいでになられますか。
②どうぞごゆっくりしてください。
③先生はあの展覧会を拝見されましたか。
④きょうは寒うございます。
⑤先生はいつ展覧会に行かれたのですか。

敬語は、話し手・書き手が話題の中の取り上げる人物に対する敬《うやま》いを表す「尊敬語」、へりくだりを表す「謙譲語」、話し手がその場の聞き手・読み手に対する丁寧な気持ちを表す「丁寧語」の三分類が一般的です。①②は平成十年度、③は十一年度、④⑤は十二年度の「国語に関する世論調査」の敬語に関する質問事項として取り上げられたものですが、従来の敬語の規範から言うと、①②③は「間違い」で④⑤は「正しい」とされています。①②③の「正しい」形は、①「おいでになった」（「おいでになられる」は、すでに「おいでになる」で尊敬語となっているものにさらに尊敬の「れる」をつけた二重敬語）、②「ごゆっくりなさって」（「ごゆっくりする」の「ご〜する」は謙譲語）、③「ご覧になりましたか」（「拝見する」は謙譲語であり、それに尊敬の「れる」を付けた「拝見される」を尊敬語として用いるのは誤り）ということになります。しかし、①は六九・九％、②は八二・四％、③は五五・五％の人が「気にならない」「正しい」と答えており、すでに半数以上の人が、こういった、規範から言えば「誤った敬語の使い方」に違和感を持っていないことがわかります。

中條修は、話し言葉における「正しさ」の条件の一つとして「言語形式の「正しさ」」をあげ、「その表現が正しいかどうかは、通時的な規範意識によって判定されることが多いが、現在広範に支持され、使われていることも「正しさ」を判定する重要な要素である」（中條修『月刊　言語』一九九五年一月号）と述べています。「現在広範に支持され、使われている」という「正しさの判定の重要な要素」が、どの程度のものをさすのか、明らかにはされていませんが、少なくとも八割の支持を得られる言語形式は「正しい」と認定されてもよいのではないでしょうか。となると、「通時的な規範意識」と「現在広範に支持され使われていること」との境界は、もはやはっきりしなくなります。

さらにおもしろいことに、④「きょうは寒うございます」、⑤「先生はいつ展覧会に行かれたのですか」は、規範に照らして敬語が「正しく」使われているにもかかわらず、これらを「気になる」と答えた人が存在し、その数は④は三二・三%、⑤は一六・〇%となっています。「寒うございます」は「丁寧すぎるから」（四五・一%）、「行かれた」は「敬意が足りないから」（三九・七%）というのが主な理由です。①「おいでになられる」の二重敬語のように丁寧すぎてもいけない、②の「ごゆっくりして」では敬意が欠ける、③の「拝見される」のように異なる敬語の種類を混ぜてもいけない。これが敬語の規範だとしたら、「寒うございます」は「丁寧すぎ」、「行かれた」では「敬意が足りない」と考える日本人が出てくるのも無理のない話です。

ちなみに、明治の初めごろは、丁寧語の「です」はまだ標準的な言い方とは見なされていなかったため、形容詞を丁寧に言う場合は、④のように「（お）寒うございます」というのが正しく、「寒いです」は誤りとされていました（昭和二十七年の第一期国語審議会の

「これからの敬語」の中に、「対話の基調として「です・ます」体を原則的に採用し、「形容詞＋です」の語法を認める」とあるのを見ると、「寒いです」のように形容詞に「です」をつけることが正式に認められたのは、戦後ということになります。現在でも、「今日は寒いですね」とは言っても、「今日は寒いです」はなんとなくすわりが悪いと感じる人もいるのではないでしょうか)。その「寒うございます」を、現在では約三分の一の人がおかしいと感じているのですから、「通時的な規範意識」といったところで一〇〇年はもたないものなのです。「正しさの基準」なんて、常に変動するあやふやなものだということがわかるでしょう。

敬語という日本語の伝統？

ＮＨＫのある番組で、国際政治学者神谷不二が「敬語という日本語の伝統を過不足なく次の時代に伝えよう」と語ったそうです（芳賀綏『月刊言語』二〇〇二年八月号）が、「過不足なく次の時代に伝える」べき「敬語という日本語の伝統」とは、いったいどのようなものなのでしょうか。また、そのようなものが、これまでには「過不足なく」伝えられてきたのでしょうか。そして、もし「敬語という日本語の伝統」が存在するとしたら、それを「次の時代に伝える」ことは可能なのでしょうか。その答えを見つけるために、ここでは、敬語のうち丁寧語に絞って、その歴史的な変遷をたどってみようと思います。

日本語の敬語は、神や天皇に敬意を表すものとして発達したと考えられていて、尊敬語と謙譲語は上代（奈良時代以前）から使われていました。その後、中古（平安時代）になって人の往来が活発化し貴族社会が成熟したことなどにより、聞き手を重視する傾向が現れ、丁寧語が発生したようです。

「ます・ございます」の誕生

現代の丁寧語「です・ます・ございます」に最も近似した機能を持つ最初の語は「侍《はべ》り」だと言われますが、「侍り」は、そもそも「高貴な方のおそばにお仕えする」という意味の謙譲語でした。それが、中古に入って、「雪のいたく降り侍りつれば」（『枕草子』）のように、話し手の聞き手に対するかしこまった態度を示す丁寧語として用いられ始めました。中世前期（鎌倉時代）に、やはり謙譲語の「候《さぶら》ふ」がその「侍り」を圧倒し丁寧語として用いられるようになって、後世の書簡で用いられる「候文《そうろうぶん》」へと続くことになります。中世後期（室町時代）には、謙譲語の「参《まい》らする」が「まらする」に転じて丁寧表現にも用いられ、「ま（っ）す（る）」を経て、室町時代末に「ます（る）」が成立したと言われます。

ここまでは、謙譲語が丁寧語化してきたものですが、この時代には、尊敬語の丁寧語化も起こりました。尊敬語「おはす」「おはします」を漢字で「御座」と書いたのを、鎌倉時代に「ござ」と読んだことに始まり、それに動詞「あり」を加えて尊敬語「ござあり」

↓「ござある」となって、さらにそれが丁寧語化して「ござある」↓「ござる」が誕生しました。同様に、尊敬語「お入りある」から「おりゃる」「おりゃらします」、「お出ある」から「おぢゃる」「おじゃる」へと転じましたが、こちらはしだいに廃れ、「ござる」が中心となって「ござります」がこれに加わっていきます（『言葉に関する問答集―敬語編(2)―』文化庁）。

このように、丁寧語は、本来日本語の敬語体系の中には存在しなかったものですが、平安時代に、謙譲語として使われていたものの用法を拡大して、聞き手に対する敬意を表すようになりました。そして、室町時代後期には、謙譲語だけでなく尊敬語までもが丁寧語として転用されるようになったのです（現在の、たとえば客に対して「あちらでお待ちしてください」のように「お～する」謙譲語を尊敬語として使うといった現象も、「転用」と言えます）。この「転用」の初まりこそは、その時々の「誤用」と目されるものだったに違いありません。

そうだとすると、「敬語という日本語の伝統」とは、その時代時代の要請に応じて、それまでの用法を拡大したり転用したりしながら、言い換えれば、「誤用」を犯し続けながら、変貌を遂げるものであると言わねばなりません。

現代のもう一つの丁寧語「です」の由来については、さまざまな説があります。

「です」の誕生

たとえば、松井簡治の「であります」説や、「でございます―でござんす―でごわんす―でごあんす―でがんす―でげんす〈でごんす〉―でげす〈でがす・でごす〉―でえす―〈でおす・であす〉―です〈だす・どす〉」という過程を経たとする大槻文彦・三矢重松・松下大三郎・松尾捨治郎の「でございます」説など（『岩波講座　日本語7　文法Ⅱ』）ですが、国語学者田中章夫によると、現代のような変化形を備え、男女ともに普通に使われるようになったのは、幕末のころのようです。それまでの江戸語では、活用形は終止形「です」のみで、医者・武士・通人・たいこもち・床屋職人など、もっぱら男性が用い、尊大なニュアンスを伴うことが多く、また、女性の使用は、遊女・芸妓・茶屋女中など特殊な階層の女性に限られていたのだそうです（『講座　日本語学3　現代文法との史的対照』）。

この「です」は、明治の初めごろにはまだ標準的な言い方とは見なされておらず、明治二十年代後半から三十年代にかけて一般化したようです。現在では、ごく普通に聞き手を敬する丁寧語と説明される「です」ですが、それが標準的なものと認められ一般化したのは、たかだか一〇〇年前ぐらいのことに過ぎず、その前は、男性が用いる尊大語として、また、けっして上流とは言えない階層の女性たちだけに、用いられていたのです。さらに、近世（江戸時代）には、「です」以外に「やす」「やんす」「んす」など多くの丁寧語も生まれていますが、それにもかかわらず、現在用いられているのは「です」だけです。

ちなみに、江戸語では主に遊里の女性たちによって使われていた「であります」は、明治期になると軍隊言葉として、または演説口調として用いられるようになり、男性の切り口上的な言い回しとして一般化したのだとか。「であります」は、現在でも、軍隊言葉や特別にかしこまった場面にだけ使われるものとして認識されていると思いますが、その出自は江戸時代に遊女たちが使っていたものだったとは、驚くではありませんか。

こうして歴史的な視点に立って敬語をとらえ直してみると、これまで「敬語という日本語の伝統」を「過不足なく次の時代に伝え」たことなど、一度もなかったと言ってもよいでしょう。「敬語という日本語の伝統」というものは、常に変化とゆれの中にしか存在せず、したがって、それを「過不足なく次の時代に伝える」などということは、不可能なことなのです。

若者は押し付けがましい？

【問い】　次の言い方が気になりますか。

①（初対面の人に）私ってコーヒーが好きじゃないですか。

②東京（？）から軽井沢（？）まで長野新幹線（？）で行ったんですよ。

③先生、メシ食われましたか。

さて、話を現代に戻しましょう。【問い】にあげた言い方は、若者ことばに始まり、今や中年層にも定着した、敬語とは関係のない言い回しと言われるもののように見えますが、実はこれも、聞き手に対する配慮を表していると考えることができるのです。そういう意味では、これらの「若者ことば」を敬意表現としてとらえることもできます。

まずは①「私って〜じゃないですか」から考えてみましょう。「〜じゃないですか」の使い方については、平成九年度の世論調査で「(近所の人との会話で) 年末はどこの店も込むじゃないですか」の用法が合わせて質問され、こちらは、「普通の言い方だと感じる」人が五八・七%と半数以上、「親しみのある言い方だ」と好感を持つ人も一六・九%あって、「押し付けがましい」「唐突」と抵抗感を示した人が約二割しかなかったのを見ても、かなり好意的に受け容れられていることがわかります。それに対して①「私ってコーヒーが好きじゃないですか」のほうは、「唐突」が四五・九%とほぼ半数にのぼり、「押し付けがましい」二六・〇%と合わせると、七割を超える人が抵抗を感じていることになって、「年末はどこの店も込むじゃないですか」の場合と対照的な数値を示しています。これは、同じ「〜じゃないですか」でも、「年末はどこの店も込む」という一般的な認識として聞き手が知っていると期待される事柄に使われた場合と、「私はコーヒーが好きだ」という聞き手が知っているとは期待できない話し手の個人的な事柄に使われた場合の違いによるものでしょう。しかし、この「唐突」「押し付けがましい」ととらえられている、個人的な事柄に使われた「～じゃないですか」についても、次のように考えることはできないでしょうか。話し手の個人的な事柄に「～じゃないですか」を使うことによって、聞き手もすでに知っているという状況が設定され、「擬似」共有知識が作り出される。それによって、たとえ初対面の相手であっても、あたかも以前から知り合いであったような親近感に満ちた場が形成されるのだと。だとすると、一部の人が「押し付けがましい」として眉をひそめる「私ってコーヒーが好きじゃないですか」も、実は、相手との親近感を高めるための新しい言語形式であるととらえられます。

②は、一九九〇年代に若い女性から広がったいわゆる「半クェスチョン」と呼ばれるもので、主に名詞の部分で上昇調に区切ることによって、相手の同意を確認しながら話を進める話し方です。以前から日本人の話し方の特徴として指摘されることの一つに、「昨日ね｜、新宿へ行ったらね｜、田中さんがね｜、女性と歩いていたんですね｜」というように、「ね」を付けて区切ることによって相手に相づちを求め、聞いているかどうかを確認しながら話していく方法がありますが、「半クェスチョン」は、この話し方と通底していると思われます。②「東京（?）から軽井沢（?）まで長野新幹線（?）で行ったんですよ」では、「東京」「軽井沢」「長野新幹線」のそれぞれの部分を上昇調に言うことによって相

手に確認をとりながら話しを進めています。つまり、これも①の「～じゃないですか」と同様、相手との共有知識を確認しながら相手を共有場面に巻き込んでいくという、親近感を高めるための一つのストラテジー（方略）と考えられます。

③の「先生、メシ食われましたか」は、実際に、梅花女子大学教授米川明彦が男子学生に話しかけられたことばなのだそうです（『朝日新聞』一九九九年四月十九日夕刊）。このような、「メシ」「食う」という俗語に尊敬の「れる」を付けた、一見奇妙な言いまわしを、国語学者米川は「先生を仲間と認めて気安く話したいけど、敬語抜きはまずい」という葛藤の着地点と見て、次のように分析しています。「目上の人との会話では普通、敬語で相手を立てて衝突を避けるが、今の若い世代は、相手との距離を縮めることが会話の円滑化だと考えて、上下関係より親疎を強く意識している」。つまり、「メシ」「食う」という友人間で用いる俗語を使うことで、教師に対する親近感を表し、それだけでは失礼になるという規範意識から尊敬の「れる」を付けて敬意を表す。これが、「先生、メシ食われましたか」から分析される今の若者の「円滑なコミュニケーションのための言語ストラテジー」だと考えられます。

このように見てくると「～じゃないですか」「半クェスチョン」「メシ食われましたか」はすべて、相手との親近感を高めようとするという意味で、敬意表現の一種であると理解されます。

ポライトネス

「相手との親近感を高める」ために用いる「〜じゃないですか」や「半クェスチョン」などを、聞き手を配慮した敬意表現の一種とする考え方は、相手にとって心地よいかどうかを基準にして丁寧さをとらえる「ポライトネス」（Brown & Levinson *"Politeness"*）という概念に基づくものです。「慇懃無礼《いんぎんぶれい》」という言葉があることからもわかるように、「円滑な人間関係のためのコミュニケーション」を考えると、「敬語」さえ使っていればよいというものではありません。「敬語」を使わないことが、かえって相手とのコミュニケーションをスムーズにする場合もあるのです。「ポライトネス」は、実質的な発話効果として相手にとって心地よいかどうかという視点から「丁寧さ」をとらえる考え方です。

ここで考えておかなければならないのは、私たちはなぜ敬語を使うのかということです。これまでの、日本語の対人コミュニケーション上の礼儀正しさは、目上の人は敬い、初対面の人とは心理的に距離を保ってなれなれしくしない、というのが規範とされ、その規範にのっとって敬語の使い方のルールがあったものと思われます。つまり、目上目下の「上下関係」とウチソトの「親疎関係」を機軸として考えると、これまでは「敬して遠ざける」という機能に重点が置かれて敬語が用いられていたと言えます。この機能は、「ポライトネス」の中の「ネガティブ・ポライトネス」と位置付けられますが、「〜じゃないですか」「半クェスチョン」「メシ食われましたか」などに見られる「相手との親近感を高める」という機能は「ポジティブ・ポライトネス」と考えられます。ポジティブ・ポライトネスとは、相手の何かをほめたり、共通の興味を強調したり、仲間うちのことばを用いたり、相手を楽しくさせるような冗談を言ったりする、親近感や楽しさを求めるコミュニケーション上の姿勢のことで、たとえば、通常日本語では、仲間うちで用いるいわゆる「タメ口」は丁寧度が低い（がさつなことば）と考えられていますが、これも、仲間意識を高めるポジティブ・ポライトネスになります。

変化する敬語使用の規則

若者世代のコミュニケーションを見ていると、このポジティブ・ポライトネスを志向していることが感じられます。目上である教師や初対面の客などに対してはネガティブ・ポライトネスで接するのが従来の規範であり、俗語や仲間うちのことばを用いたりすることなど考えられなかったのですが、今の若者世代は、その規範を抜け出て、円滑なコミュニケーションを履行するためのストラテジーとして、親しさや楽しさを優先させているのです。つまり、ネガティブ・ポライトネスからポジティブ・ポライトネスへと、志向が変化しつつあると言えるでしょう。積極的に相手に近づこうとする「ポジティブ・ポライトネス」を志向する世代の言動が、「ネガティブ・ポライトネス」を期待する世代にとっては「押し付けがましい」「図々しい」「人をバカにしている」といったマイナス評価に結び付くのは、このコミュニケーション上の志向のずれによるものと思われます。

　図4・図5は、国立国語研究所が一九九七年に東京都在住者を対象に、学校の先生に対して「明日学校に来るか？」ということをたずねる言い方の適否を質問した調査結果で、数値は、各表現を「おかしくない」と回答した人の比率です（『言葉に関する問答集〈新ことばシリーズ12〉』国立国語研究所）。注目すべきは「来ますか？」と「来る？」の若年層の容認者率です。最も若い二十代では「来ますか？」を「おかしくない」と答えた人が七〇%にも達し、先生に向かって話すのに「来ますか？」と丁寧体にしただけの軽い敬語形式でもおかしくないとする人が多数派となっていることがわかります。敬語をまったく使わない「来る？」も二七%の容認率を示しているのを見ると、こちらも多数派になる日はそう遠くないように思えてきます。

　これは筆者が学生と個人面談をしていたときの体験ですが、丁寧体（「です・ます」体）を使ってきちんと「学生と教師」という立場をわきまえた話し方をしていた学生が、自分の取っているある講義の感想を述べるとき、突然「あの先生さー」で始め「話がくどいんだよねー」と、まるで友だちと話すときの口調、いわゆるタメ口で不満を訴えてきたのに

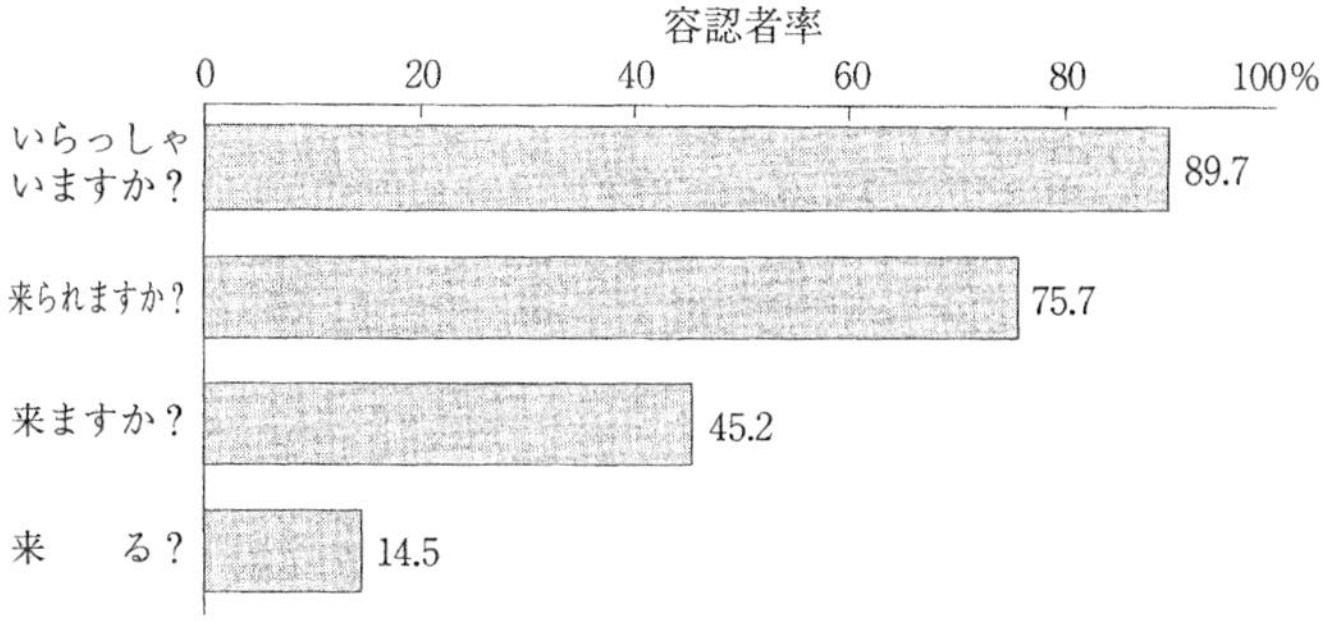

図4　先生への各種敬語形式の容認者率（全体）
（『言葉に関する問答集—言葉の使い分け—新「ことば」シリーズ12』国立国語研究所）

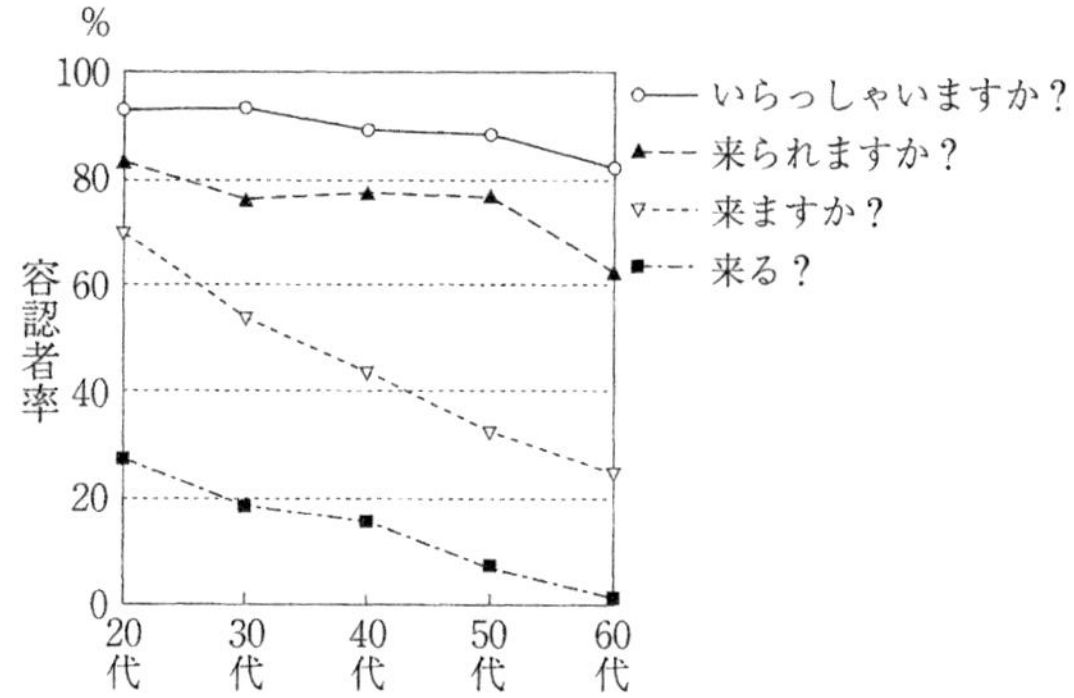

図5　先生への各種敬語形式の容認者率（年齢層別）
（前掲同書）

は驚きました。そして最後に「○○先生には私が言ったって言わないでくださいね」と結んだのです。つまり、内密にしてほしい「ある授業の不満」を訴える部分だけを普通体（「だ・である」体）にしてタメ口で話すことによって、この学生は、話し相手である教師との心理的距離を友人間のものにまで縮め、自分の本音をありのままに伝えようとしたのでしょう。実際、この部分を聞いていた筆者は、学生にぐんと迫られた感じがして、非常に大きな親近感を持ち、あたかも友人の愚痴を聞いているような錯覚にとらわれました。そして、最後の「私が言ったとは言わないでほしい」と願う部分には丁寧体を使って、適度な距離――「おっしゃらないでください」という尊敬語を使った距離までは離れない――をあけることによって、学生としての「わきまえ」を示し、「学生」の立場から「教師」である筆者に頼んだのです。これを聞いて、筆者は、なんと巧妙なコミュニケーションストラテジーであることよと、感慨一入《ひとしお》でした。

このような若者たちのポジティブ・ポライトネス志向について、宇佐美まゆみが述べた弁を引用して、この節のまとめとしたいと思います。

もう一つの新しい価値観に基づく社会変化として、日本社会のポジティブ・ポライトネス化があると私は考えています。すなわち、形式的な礼儀正しさを重視して相手と距離を置くネガティブ・ポライトネスよりも、相手との心的距離を縮めるポジティブ・ポライトネスを好む人たちが、若者を中心に増えてきているのではないかということです。こういう社会的価値観の変化の影響を受けて、日本語の敬語使用の原則も変化していかざるを得ないでしょう。その変化の方向を示す兆候は、現代の若者の言葉の中に少しずつ表われてきているのです。こういう新しい言葉や言葉遣いが、逆に社会を変える原動力にもなっていき、二十一世紀の多文化共生社会をよりよいものに形作っていくことを願ってやみません。（宇佐美まゆみ『言葉は社会を変えられる』）

美しい日本語、豊かな日本語のために

多様性こそ美しい

昨今頻繁に取り沙汰される、「日本語の乱れ」にまつわる現象を取り上げて、現在の日本語がいったいどこにいるのか、観察してきました。こうして時間的・空間的、つまり歴史的・地理的に現在の日本語を置いて眺めてみると、日本語はいつの時代も多種多様な姿を呈していることが実感され、日本語の伝統はその多様性にある、ということが感じられるのではないでしょうか。そして、その多様性こそが「美しい日本語」であり、その多様性ゆえに「豊かな日本語」と言えるのだと思います（その美しさ、豊かさは、なにも日本語に限ったものではなく、どの言語にも言えることなのですが）。

日本語は乱れているのではなく、その時代その時代の人々のさまざまな心を映して変化し、さまざまなものを受け容れて、いつの世にも新たなものへと変貌しようとして動いているのです。「正しい日本語」を求めてどんなに境界線を引こうとしても、そのことばの持つエネルギーを押しとどめることは、だれにもできないのです。だとしたら、その活力の充溢を嘆くのではなく、もっと積極的に享受してみてはいかがでしょう。そうすれば、きっと、思いもよらなかったさまざまな「新しい日本語」の姿が見え、その多様性が、一人一人の日本語をさらに豊かで美しいものにしてくれるに違いありません。

日本語はどこから来たのか

日本語は一つか

言語は数えられるか

日本語は特殊な言語か

私たちは普通、日本語は日本語、中国語は中国語、フランス語はフランス語、イタリア語はイタリア語、英語は英語などというように、別々のことばがそれぞれ別々にあるように、感じています。また、外国語や母国語（あるいは国語）ということばをごく当たり前のように使うとき、まるで、国や国家が独立してそれぞれ異なるように、それぞれのことばも独立して異なっているかのように考えています。でも本当にそうなのでしょうか。

世界中のことばの起源や音韻規則についての知識、歴史言語学や比較言語学の知識が進むにつれ、どうやらそれは錯覚であることが明らかになってきました。わかってきたことは、ことばはそのすべてが、もともと、なんらかの意味において、あるいはなんらかの程度において、混ぜ合わせ（混血）だ、ということなのです。しかも、その混ぜ合わせの中で、それぞれに変化を遂げていくということです。日本語も、もちろんその例に漏れません。よく、日本語は世界でも特殊な言語だとか、類を見ない言語だとかいう言い方がされます。でも、ことばとはもともと混ぜ合わせなのですから、世界のどのことばも、その混ぜ合わせ方がそれぞれ特殊だとか、類を見ないとは言えても、日本語だけが特殊である、などということはまったくないのです。だからその点では日本語も世界のことばもまったく同じです。まして、日本語は、その純粋な姿をどこかでずっと保ってきた、などということはまったくありません。逆に、日本語こそ、多様かつ大胆に、その混ぜ合わせや変容を受け入れてきた、きわめて雑種混血的なことばだと言えるでしょう。

この「日本語はどこから来たのか」では、そのような観点から日本語を考えてみましょう。

世界中に言語はいくつあるか

言語がもともと混ぜ合わせだと言っても、すぐにはピンと来ないかもしれません。とくに、漢語や外来語の受容にもかかわらず、日本語には「上代」以来、生粋の「大和言葉《やまと》」が存在していて、それこそが日本語の中核をなしているはずだ、という錯覚は、なかなかに根強いものがあります。そこでこの問題を考えるために、フランス語やイタリア語や英語、そして朝鮮語や日本語は、別々の言語で、一つ二つという形で数えられるかどうか、という問題から考えてみることにします。

まず、ごく当たり前と思われている考えに従い、それらが一つ二つという形で数えられると仮定して、世界中にはいったいいくつの言語が存在するのでしょうか。

――現在、国の数が約二〇〇だから、それと同じぐらい？　いやいや、英語はイギリスやアメリカ、オーストラリアなどで使われているし、スイス語なんて聞いたことがないけれど、スイスへ旅行したとき、ドイツ語・フランス語・イタリア語が話されていた。国の数より言語の数は少ないのでは？　いやいや、待てよ。人口一〇億のインドは「国語」がヒンディー語で、「公用語」が一〇以上もあると聞く。とすると、国の数より言語の数はずっと多くなるはず。あれ、じゃあ、日本にも「国語」や「公用語」があるの？　人口の多い国と言えば、中国では、北京語が標準語で、広東語などあとの言語は方言らしい。言語の数には「方言」も入れるのだろうか。「標準語」と「方言」の違いって、何？　日本の言語は日本語だけ、つまり日本の言語は一つと数えていいの？　そもそも、言語は数えられるもの？――

このように、言語の数を数えようとすると、さまざまな疑問が浮かぶでしょう。現在報告されている言語の数は六〇〇〇前後と言われています。言語学者によって新しい言語が発見されれば、その数は増えるし、その言語の最後の話し手がなくなれば、言語は一つ消滅する……これは、ある意味で真実でしょう。しかし、言語とは、本当に一つ二つと数えられるものなのでしょうか。

国語と公用語

言語が一つ二つと数えられるか、という問いと同時に、さらに次の問いについても考えてみましょう。いったい日本語とは何をさすものなのでしょう。――国語？　公用語？　標準語？　でも国語って何？　それ、日本語と違うもの？　標準語が正しい日本語で、方言はそれが訛ったもの？　それともその逆？――ちょっと考えただけでいろいろな疑問が出てきて、迷ってしまうのではないでしょうか。少し整理する必要があるでしょう。

「国語」とは「国家語」と考えてよいもので、その国の民族・歴史・文化を代表する言語とされ、「公用語」とは行政など公の場で使用が認められている言語とされています。たとえば、スイスではドイツ語、フランス語、イタリア語、ロマンシュ語の四つの言語が「国語」とされていますが、その使用人口が一％にも満たないロマンシュ語を「国語」に加えているのは、少数派に配慮した結果であると言われています。そして、その「公用語」

はドイツ語・フランス語・イタリア語の三つとされています。

日本の場合を考えてみましょう。日本には「国語」として日本語が存在し、行政など公の場で使用が認められている「公用語」も日本語である、ということに疑問を持つ人は少ないでしょう。「日本に存在する言語は日本語一つである」、このように考えてもよさそうに見えます。でも、これは本当でしょうか。

フランス語はイタリア語の方言か

北欧の一つスウェーデンでは、おとなりの国ノルウェーに買い物に行っても、スウェーデン語でだいたい話が通じるのだそうです。ノルウェーは一九〇五年にスウェーデンから独立した国で、両国のことばは、それぞれノルウェー語とスウェーデン語という二つの言語として分けて考えられていますが、その違いは方言程度のものです。一方、同じヨーロッパのフランスでは、さまざまな方言を含みながらもフランス語が広く用いられていますが、スペインとの国境近くでは、フランス語とまったく別系統のバスク語が使われています。バスク語とフランス語は、系統論的に別のことばと認められるため、バスク語をフランス語の一方言とすることはできません。

ここで「系統論的に」という意味を確認しておきましょう。比較言語学という十九世紀に発達した学問では、言語の祖先をたどっていくことによって、言語間の親縁関係を解明することが目的とされます。英語を例にとれば、英語はラテン語と同じ系統の言語で、その祖先はインド・ヨーロッパ「祖語」にさかのぼります。この「祖語」から分かれたとされる、いわゆるインド・ヨーロッパ語族（印欧語族）に属する言語は、さらに、英語・ドイツ語を含むゲルマン語派、ロシア語を含むスラブ語派、フランス語・イタリア語・スペイン語・ポルトガル語を含むイタリアック語派、ヒンディー語・ペルシャ語を含むインド・イラン語派などに分かれます。つまり、フランス語は、同じラテン語から分かれたイタリア語・スペイン語・ポルトガル語といった言語と兄弟関係（親縁関係）にあると言えます。

もちろん、分かれるといっても、最初にまったく純粋な言語があり（たとえば、純粋の印欧「祖語」とか「原」ラテン語のような）、それが、しだいに別々のものに分かれていったというイメージではありません。逆に、印欧「祖語」と仮想されるものも、ラテン語も、もともとその最初から、他の言語との混ぜ合わせの中にあり、当初から地方的地域的なさまざまなバリエーションを持って存在していて（「標準語」に対して多様な方言があるように）、その混ぜ合わせの中でしだいに、「別の」ものが生まれていったというイメージを持つほうがよいと思います。そしてそれらは、そのような意味で同じ系統にあり、兄弟関係（親縁関係）にあると言えるのです。

しかし、このように同じ系統に属し、非常に似た性質を備えた言語でありながら、フランス語がイタリア語の一方言であると主張されることはありません。スウェーデン語とノルウェー語を別の言語と考えるのと同じように、フランス語もイタリア語も、それぞれが独立した個々の言語と考えるのが普通です。これは、それぞれの言語がその背後にそれを標準語とする独立「国家」を持つということと無縁ではありません。もし、フランス語をイタリア語の一方言（あるいはその逆）だなどと主張するとしたら、政治的な大問題を引き起こすでしょう。だから、スウェーデン語とノルウェー語、フランス語とイタリア語とは別々の言語として分けて数えられているのです。このように、言語を一つ二つと分けて数えるのは、言語そのものの性質によるよりはむしろ、その時代時代のさまざまな状況に大きく依存することであって、そこには、かなり恣意的な要素が入り込んでくるのです。

沖縄方言か、それとも琉球語か

では、日本の沖縄「方言」はどうでしょう。確かに学問的には、奄美・沖縄地方で話されていることばと日本本土で話されていることばは、同じ系統に属していることが証明されています。比較言語学には、同系の二言語の間では、一方の言語のある一定の音韻が必ず他方の一定の音韻と対応している、という音韻対応の規則がありますが、その規則に、標準語（と言われるもの）と首里方言とがかなっているからです。たとえば、アキナイ—商い—アチネー、いき—息—イーチ、いきすぎ―行き過ぎーイチスィジなどのように、母音［i］の前に来る子音［k］は、首里方言の子音［tʃ］に対応しています。その規則からすれば、フランス語もイタリア語も、スペイン語もポルトガル語もすべて同じ系統の言語と考えられるのですが、それぞれの言語が独立国を背景にしている関係上、一方が標準語で他方が方言だ、などとは言われません。

ところがそれに対して、日本本土のことばと沖縄のことばの違いは、スペイン語とポルトガル語の違いを大きく超えていると言われています。たとえば、漱石《そうせき》の『坊っちゃん』は、沖縄方言で言い換えると次のようになるそうです。

・親類《しんるゐ》のものから西洋製《せいようせい》のナイフを貰《もら》つて奇麗《きれい》な刃《は》を日《ひ》に翳《かざ》して、友達《ともだち》に見《み》せて居《ゐ》たら、一人《ひとり》が光《ひか》る事《こと》は光《ひか》るが切《き》れさうもないと云《い》つた。切れぬ事《こと》があるか、何《なん》でも切《き》つて見せると受《う》け合つた。

・親類《うゑーか》から西洋製《うらんらむん》ぬ小刀《しーぐーいー》貰てぃ其《うり》ぬ奇麗《きら》（清ら）刃《ばー》ー　日《てぃーら》かい翳《かざ》ちぃ、友達《るし》んかい見したっくたくとぅ、一人《ちゅい》ぬ友達《るし》光いせー光いしが切りーぎさくんねーんり言《い》ちゃくとぅ、切りらん事《くとぅ》ぬあみ、何《ぬー》やてぃ切っち見しーんり言《い》ち受きたん。

（徳川宗賢『日本語の世界8』）

「うぇーかからうらんらむんぬしーぐーいーてぃ……」音声だけ聞いたのでは、標準語話者はもちろんのこと、他地域の方言話者も、ほとんど理解できないのではないでしょうか。つまり「日本語」母語話者の直感にとっては、学問上はいかに同系統だとしても、沖縄「方言」は、日本語とはまったく別のものなのです。そして現に、沖縄「方言」は、かつては方言などではなく、日本語とは別のものと数えられる、れっきとした別の言語だったのです。

沖縄地方は、もともと琉球《りゅうきゅう》王国として長い歴史を持っていました。その間、つまり沖縄地方に琉球王国という独立国が存在していたあいだは、そこで「標準」的に使われている言語は、独立国家琉球王国の「標準語」、つまり「琉球語」だったわけです。しかし、江戸時代の薩摩《さつま》藩による侵略と明治政府による一八七九年の「琉球処分」によって琉球王国が消滅し沖縄県となってからは、琉球語は、独立国家の標準語ではなくなりました（もちろん政治的に）。そのとき独立語としての「琉球語」は、いわば、消滅したのです。つまりそれは、日本の全域で使われる「標準語」に対する一つの「方言」として、沖縄方言（あるいは琉球方言）として位置付けられることとなったのです。

このように、スペイン語とポルトガル語とのあいだよりもはるかに遠い差異があるにもかかわらず、沖縄のことばを日本語とは別の「琉球語」という独立した言語と考えることがないのは、まさに、歴史的・政治的な状況によることなのです。

世界の言語の数に正解はない

こうしてみると、「A地方のことば」と「B地方のことば」の違いを方言の違いと見るか、別の言語と見るかは、言語そのものが備える性質に基づくだけではなく、それぞれの言語の政治的・社会的・歴史的な背景によることが多いということに気付かされます。「方言」か「言語」かを区別する基準は、けっして絶対的ではなく、むしろ相対的・人為的なのです。

したがって、日本に「方言」がいくつあるかという問いに正確に答えることが不可能であると同様に、世界中にいくつの言語があるかという質問には正解はない、ということになります。なぜなら、言語と言語、ことばとことばのあいだには、それぞれの言語を一つひとつ別のものとして確定する決まった境界線などないのですから。もしそうだとするならば、一つのことば、一つの言語と呼ばれるものも、実は、けっして、一義的に決まったものではなく、さまざまなものの混ぜ合わせであったり、常に、変化し続け、「ゆれ」続けているものであったりする、ということになります。もちろん日本語も例外ではありません。そのことを冷静に受けとめることが必要だと思います。ことばの変化やゆれを単に「乱れ」だと決めつけないで、その変化やゆれの本質を見届けた上で、その上で、何が変化する（しやすい）部分か、そして何が比較的変化しにくい部分なのか、そして何がほとんど変化しない部分なのかを見分けることが必要でしょう。

日本語は一つか

「標準語」は一つか

一つのことば、一つの言語と呼ばれるものも、実は、けっして、一義的に決まったものなのではない……このように言うと、次のような反論が帰ってくるかもしれません。確かに、歴史的に見れば日本語はきわめて大きな変化を遂げてきた。また今でも、方言という形で、きわめて大きな地域的な変種が存在している。しかし、それでもなお、現時点で、さまざまなバリエーションの「もとになる」日本語、あるいは、「規範」とすべき「正しい」日本語は存在している。それは一つである……と。その「基になる」「規範とすべき」「正しい」日本語とは、いわゆる「標準語」であり、その意味で日本語は一つだ、と言うのでしょうが、そこで、次の【問い】について考えてみましょう。

【問い】　日本語としてどちらが正しいと思いますか。

①これっぽっちでは今日の食事代にも（足らない／足りない）。
②早く仕事を（済まして／済ませて）出かけよう。
③だれよりもだれよりも、君を（愛す／愛する）。
④こんなにやさしい人を（愛さない／愛しない）者はいない。

⑤不合理ゆえに、吾、神を（信ず／信ずる／信じる）。
⑥君（が／を）好きだ。英語（が／を）話せる。水（が／を）飲みたい。
⑦（大きい／大きな）人。（無名の／無名な）人。
⑧お金がなさそうだ。／雨が降らなさそうだ。
⑨わたしはどんな味付けの料理でも（食べられる／食べれる）。
⑩その話って、どこか（ちがわない？／ちがくない？）。

（伊坂淳一『ここからはじまる日本語学』より一部変更）

①から⑦までは、どちらが正しいか決められない、どちらも正しいと考える人が多いのではないかと思います。そのとおりであって、これらはどちらか一つには決定できないのです。さらに、⑧〜⑩と問題が進むにつれ、前者のほうが正しくて後者は間違っていると答える人が増えるのではないでしょうか。しかしそれらについても、「日本語はどこにいるのか」で見てきたように、どちらも正しい、あるいは、後者は間違いだけれど使っている、と答える人が増えてきています。

これらの問題は、みな、標準語とされている現代の日本語の文法に関するものです。文法は、いわば、言語の骨格に当たる部分です。「もとになる」「規範とすべき」「正しい」日本語が存在するという考えからすれば、どちらが正しいか決定されていなければならない、という意見が出てきてもおかしくないところでしょう。しかしその骨格に当たる文法に関してすら、標準語と呼ばれるものの中にも、どちらとも決定できない多大なゆれや変異が存在するのです。つまりさまざまな標準語が存在する、ということです。

　まして、ことばの肉付きや材料に当たる部分である、語彙、漢字の読みや表記、仮名遣い、発音、アクセントなどに関しては、慣用化されている誤用も含めて、標準語の中にすら膨大な量のゆれや変異が存在します。たとえば、次のように。

　大地震・おおじしん／だいじしん、世界中・せかいじゅう／せかいぢゅう、十本・じっぽん／じゅっぽん（子どもが「じゅっぽん」と読みがなをふるのに対して、すべて「じっぽん」と直していく国語教師がいるそうです）、通り・とおり／とうり、箇条書き／個条書き、衣裳／衣装、支度／仕度、尋問／訊問、大勢／多勢、応対／応待、一所懸命／一生懸命、込む／混む、間髪をいれず・かんはつをいれず／かんぱつをいれず、表わす／表す、願い／願、あ**かるい**・あ**かる**い（太字はアクセントの核）

（伊坂淳一『ここからはじまる日本語学』より一部変更）

とすれば、標準語も、一つに決まっているとはけっして言えない、ということになります。むしろ次のように言うべきなのでしょう。

　標準語の「標準」ということばをただ一つの規範というふうに限定し、それを法律や訓令によって制定したものと考えるとすれば、そのような標準語は日本には存在してはいない。しかし「標準」ということばをそのように解釈するとき、それはきわめてせまい、窮屈な内容のものとなるであろう。そもそも「標準」というものは一つとは限らないはずである。（略）そしてまた、「標準」というものはたえず変化するものだから、その標準性の度合いにもさまざまな段階がありうるはずである。

（真田信治『標準語はいかに成立したか』）

さまざまな標準語がさまざまな度合いで存在している……その一つは、もしかするとあなた自身のことば遣いなのかもしれません。

【問いの答え】①②は、前者が五段（四段）活用動詞、後者が一段活用動詞です。もともと四段動詞だったものが、近世以降、一段動詞が「はやる」ようになって、現在では、両型のあいだで「ゆれ」ているのが実状です。③④⑤は、漢語＋サ変動詞（す・する）のさまざまな変異形です。サ変の新形「愛する」は古形「愛す」と混用され、さらに、「愛す」が五段活用型を持つのに引きずられてサ変本来の未然形「愛しない」は「愛さない」と混用されています。また、「信ず」「信ずる」「信じる」は、サ変の古形・新形・一段活用動詞であり、新旧、そして複数の活用型が入り混じっているのが実状なのです。実際の口語は、国文法の教科書とはけっして同じではありません（伊坂淳一『ここからはじまる日本語学』）。また、⑥では、前者は、本来、主格であるはずのガ格が対象格になるというイレギュラーなものであるため、本来の対象格、ヲ格とのあいだで「ゆれ」を生じています。しかしそこには、なんらかの微妙なニュアンスの違いがあり、実際には使い分けられているのかもしれません。⑦の「大きい」は形容詞、「大きな」は連体詞とされ、また「無名の人」であれば、「無名」は名詞、「無名な人」であれば「無名」は形容動詞と認定できる、というように、品詞の問題として取り上げられるものですが、どちらもほぼ同じ意味で使われていると言ってよいでしょう。⑧は、助動詞「そうだ」は、形容詞「ない」にはついても（「お金がなさそうだ」）、否定の助動詞「ない」にはつかないため、「降らなさそうだ」は誤りとされるものです。しかし実際には、「降らな（さ）そうだ」もよく使われているのではないでしょうか。⑨⑩については、「日本語はどこにいるのか」を見てください。

「標準語」と「方言」の違いは？

標準語がけっして一つではない、とわかったところで、さらに、方言と呼ばれることばの姿を見てみましょう。前の【問い】と同じように、動詞の活用、助詞、助動詞を含む次のような実例を見れば、多様な日本語の姿が浮かび上がるはずです。

・およ（読）みになる／およみんなる／よまれる／よまっる／よまる／よまはる／よまさる／よまっしゃる／よまっせる／よまんす／よます／およみある／およみる／およむ／およみじゃ／よみやす／よみなさる／よみんさる／よみなはる／よみなる／よみ

やる／よみよる／よみならす／よみおらす／よみなんす／よみなす／よんでや／よんでじゃ／よんでみえる／よんでござる／よみござる／よみござっしゃる／よんでおいでる／よむ／よんどる
・お（起）きろ／おきれ／おきよ／おきー
・こ（来）ない・く（来）れば／きない・きれば
・する・しない・すれば・しろ／しる・しない・しれば・しれ
・わら（笑）った／わろーた／わらーた
・あめ（雨）がふる／あめふる／あめぁふる／あめーふる／あみゃーふる／あめのふる／あめんふる
・たか（高く）ない・たかくなる・たかい・たかければ・たかかった／たかいない・たかいなる・たかい・たかいば・たかいかった
・たか（高）くなる／たこーなる、うれ（嬉）しくなる／うれしゅーなる／うれしなる
・から（理由を表す助詞）／さかい／さけ／はけ／すけ／きに／で／じ／はんで／えんて／よって
・～～である／～～であ／～～じゃ／～～や
・い（行）こう／いくべー／いくずら（いかず・いくら）

（『言語学大辞典』三省堂）

「標準語」の尊敬表現「お読みになる」と同義の各方言を見ると、方言による変異がいかに大きいかわかることでしょう。この中で特徴的なのは、「よむ・よんどる」のように、敬語表現を使わない地域が、とくに東北、北関東、東海、南四国など、かなりの範囲で存在する、ということです。日本語の最大の特徴は敬語表現にある、などと即断してはいけないことがわかります。また、「起きる」の命令形「おきろ」は、とくに東日本に多く、西日本では「おきよ」と「おきー」、北海道と九州では、「おきれ」となっています。「おきれ」は、五段活用動詞の命令形（たとえば「降れ」）などからの類推によるものであり、現在では「標準語」の中にも混在するようになっています。カ変「来る」も、関東の一部で、「きない」「きれば」のように、一段活用化しています。サ変「する」も同様で、福島、北関東、中部で、「しない」「しれば」のように一段活用化し、その結果「おきれ」と同じように命令形「しれ」も出現しています。

「雨が降る」の主格「が」をはっきり言わない無助詞表現「あめふる」は、北海道、東北、近畿にまとまって分布しています。またガ格の代わりに、「あめぁ」「あみゃー」「あめの（ん）」などが使われています。形容詞（たとえば「高い」）では、終止形をそのまま語幹として無活用で使う言い方（たかいない・たかいくなる・たかいかった）が全国的に認められるそうです。最近、東京の若者ことばに流入した「きれいかった」「きれいくない」もその傾向の一つかもしれません。理由を表す「から」と関西の「さかい」については、江戸時代の『浮世風呂《うきよぶろ》』(後出)でも取り上げられていました。「である」は歴史的に継起したものとして、前記のような変異形を持っています。「行こう」の意味の「行くべー」は、新潟、関東、静岡東部から東に広く分布し、「行くずら」は、長野、山梨、静岡に分布しています(『言語学大辞典』三省堂)。

最後の、助辞「ずら」(たとえば「行くずら」)は、標準語話者(ここでは、東京方言のみを話しことばとする者をさすことにします)にとっては、最も異質、あえて言えば「耳障り」に聞こえるものの一つでしょう。「行くずら」と聞くと、「訛っていて俗だ」とか、「行こう」こそ「本来の由緒正しい」ものだ、というような印象を持つことがあるかもしれません。しかしそれが大きな錯覚であることは、「ずら」の語源を考えてみればわかります。「行くずら」は、「行かんずらむ」に由来し、それこそ、「純粋」な「大和言葉」を求める人々にとっては、上代語の香りがする「古式ゆかしい」「由緒ある」助辞であるはずのものなのです。

したがって、「きれいで由緒正しい」とか、逆に「訛っていて俗である」などという価値評価は、ことばの本質には一切関係のない、勝手な憶断であることになります(もちろんその逆を主張する場合もそうです）。しかし、私たちは往々にして、「標準語こそ、きれいな、由緒正しい日本語である」という錯覚に陥ることがないでしょうか。また、方言は、その「もとになる標準語」が「訛って」できたものだという錯覚に陥ることがないでしょうか。事実はまったく逆であって、標準語と言われるものこそ、後から作り出された、きわめて人為的なものに他ならないのです。

作られた「標準語」

「標準語」はいつ作られたか

では、そのような「標準語」とは、何なのでしょう。またそれはどのようにして成立したものなのでしょう。

時は明治時代、近代日本国家成立のときにまでさかのぼります。西欧列強に伍して、その国民国家としての統一体、「想像の共同体」（ベネディクト・アンダーソン『想像の共同体』）を作り上げるために、何よりも必要とされたのは、統一的な「国語」の存在でした。国語とは、対外的にも対内的にもその国家の公用語であると同時に、日本国民ならば誰もがそれを使い、あるいは使うことができ、それをもって母語とするような言語でなければならない、とされました。日本国家の単一性を証明するものこそ、国語の単一性、つまり標準語の単一性だというわけです。当時の著名な国語学者による次の文章などは、そのような国家意識を背景にして、国語の必要性を声高に表したものです。

一国の国語は、外に対しては、一民族たることを証し、内にしては、同胞一体なる公義感覚を団結せしむるものにて、即ち、国語の統一は、独立たる基礎にして、独立たる標識なり。されば、国語の消長は、国の盛衰に関し、国語の純、駁、正、訛は、名教に関し、元気に関し、国光に関す、豈《あ》に、勉めて皇張せざるべけむや。

（大槻文彦《おおつきふみひこ》『広日本文典別記』序論）

つまりは、国語こそ国家の根本だということなのでしょう。また、国語の存在を次のように、民族の精神や文化と直結させてその存在を顕揚せんとした上田万年《うえだかずとし》のことばもあります。

言語はこれを話す人民に取りては、恰《あたか》も其血液が肉体上の同胞を示すが如く、精神上の同胞を示すものにして、之を日本国語にたとへていへば、日本語は日本人の精神的血液なりといひつべし。日本の国体は、この精神的血液にて主として維持せられ、日本の人種はこの最もつよき最も永く保存せらるべき鎖の為に散乱せざるなり。

（上田万年「國語のために」『明治文学全集44』筑摩書房）

冷静な眼でことばをとらえる言語学の視点に立つならば、言語は、国家意識や、民族の文化や精神とは異なって、あくまでも言語（つまりコミュニケーションのための記号のシステム）なのであって、それらからは相対的に自立した体系を持っています。だから両者を直接的に結び付けることなど本当はできないのですが、近代国民（民族）国家形成が急務であった当時は、そんな悠長なことをいっておれない状況であったのかもしれません。
つまり、これほどまでに声高に、国語の必要性が強調され、しかもそれが民族の精神発揚と結び付けられたということは、実は、裏を返せば、当時、「これこそが日本語であり日本国家の言語である」というような「名誉と資格」を与えられるだけの統一的な言語がほとんど存在しなかった、ということを意味します。それどころか当時、日本語は、前記の檄文《げきぶん》が登場せざるを得なかったほどに、まさに四分五裂の状態だったのです。

日本語の四分五裂

明治十七年に、『かなのしるべ』に載せられた「くにぐにのなまりのことばにつきて」に、当時の日本語に関して、次のような文章があります。

おなじ　にっぽん　の　しまうち　に　ありながら　六〇　あまり　の　くにぐにが　あたかも　ごばん　の　め　のごとくに　たちわかれて、おのおの　ひとりだちして　わがまま　かつて　に　その　ふうぞく　ありさま　を　つくり　なし、したがいて　ことば　をも　とりどり　に　かえなしき。されば　みやこ　ちかき　あたりの　ひと　が、しをたるる　えぞ　が　ちじま　や、さつまがた　おき　の　こ

じまわ　さておき、すこし、みやこ　はなれたる　やまざと　に　いたらば、われ　の　いう　こと、かれ　が　いう　こと、かたみ　に　ことば　かよわず　して　こころ　を　つくし　えざりけり。

（三宅米吉《みやけよねきち》「くにぐにのなまりことばにつきて」『かなのしるべ』）

風俗、言語とも、てんでばらばらで「我《わ》が儘《まま》、勝手」だというわけです。三宅米吉は、だから統一語を早急に作れ、と言っているのではなく、逆に、

しょせん　いま　くにことば　の　もとい　を　さだめて　むりおし　に　くにぐに　の　なまり　を　あらためさせん　と　する　わ　ほねおりて　その　かい　なき　わざ　なるべ　ければ、ただ　なを　ますます　くにぐに　の　ゆきき　の　べんり　を　まし　その　ゆきき　を　しげくし、まじらい　を　あつく　させ、しらず　しらず　みづから　あらためさする　に　しく　なかる　べし。（同書）

と言っています。つまり、「無理押し」にではなく、人々のコミュニケーションが進む中で自然に、必要な共通語が形成される、というような現代の多言語主義にも通じるような斬新な考えを述べているのですが（しかし結局現実の歴史では、「無理押し」がまかり通ってしまいます）、とにかく、その筆者にとってさえ、現状は、ついつい「わがままかつてに……つくりなし」という否定的なことばが口をついて出てしまうようなものであったよう

です。つまり、当時の社会は、もろもろの方言が乱立しあうという「無秩序」の状況、しかし逆に肯定的に言えば、多様性に富んだ、花畑のような状況であったことが想像されます。

明治初期の話しことばをおもしろおかしく対比させた井上ひさしの戯曲『國語元年』を見ると、その時代のことばがいかに百花繚乱であったかわかるでしょう。

井上ひさし『國語元年』

重左衛門　コラ、太吉、何《ナイ》をシチョット！
太吉　何《ナイ》をシチョット？　はい《アエ》、吾《ワ》、エギ伐てらネ。
重左衛門　誰《ダイ》が植木《ウエギ》伐れチュタ？
太吉　御隠居様がユタモネ。
重左衛門　わし《オイ》は《ア》老木《エギッ》伐れチユウタトヂャガ、植木《ウエギ》を伐れとはユアンド！
（中略）
修一郎　ゼアリズ　ノット　ア　クラウド《クラード》　イン　ザ　スカイ《スケエア》。……意味はと、エー、
「空には一片の雲とて無い《ネア》ゾェーモ」
ふみ　お八《やっ》だジョオン。ナスのお八つだジョオン。
修一郎　ナス？　これ《コリアー》はナスでは無い《ネアー》ゼーモ。ナシだがネ。

ふみ　そうでしたか《ンダッタガー》。

修一郎　（一口食べて）甘くて《アメエアーテ》、うまい《ウメエア》梨だナーモ。

（井上ひさし「國語元年」『日本語の世界10』）

「ウエギ」と「エギ」、「ナシ」と「ナス」など、音韻の妙が生み出した名場面だと思いませんか。

また、福沢《ふくざわ》諭吉《ゆきち》が「其風俗を異にする証は、言語のなまりでも相同じからざるものあり」（『福沢諭吉選集』第12巻）と指摘しているように、当時まではその出身階級・階層によって、話されることばには顕著な違いがあり、そのことば遣いで身分の違いがすぐに見分けられるほどだったようです。福沢諭吉はそれを次のように例示します。

見て呉れよ＝みちくれい（上士）・みちくりい（下士）・みてくれい（商）・みちぇくりい（農）

行けよ＝いきなさい（上士）・いきなはい又いきない（下士）・商は下士に同じ・いきなはりい（農）

坪内逍遙『当世書生気質』

さらに、明治初期の、階層や性別によって異なる話しことばを対比させたものに、坪内逍遙の『当世書生気質』があります。たとえば次のような具合です。

(女中)よく被入《いらっ》しやいまし。只今《ただいま》お浴衣《ゆかた》を
(客の娘)今夜ハ御厄介《ごやくくわい》になるんですから。どうぞ其積《そのつもり》で
(女中)ハイ〳〵。それでハお夜食《やしょく》ハ
(男)おまい何《なに》くふか。えいもんをさういふて遣《や》るがえいぞ
(客の娘)それじやアあのウ。口取《くちとり》とネ。そして何《なに》かうま煮《に》とネ。それからエート。
何に為《し》やうか
(男)マアそれでえいワ。あとからまたさういへバえいワ
〈以下「継原」「山村」は「書生」:引用者注〉
(継原《つぎはら》)ヲイ山村《やまむら》。如何《どう》したネ。いよいよ一件《けん》ハセツトル［確定《きまる》］したか
(山村)ナツト。エツト［尚《まだ》］だ。然《しか》し別《べつ》に金儲《かねまうけ》の口《くち》ができた
(継原)どうして
(山村)ナニサ。汗牛堂《かんぎうどう》の翻訳《ほんやく》がネ。一葉《えふ》十行《ぎやう》二十字《じ》で以《もつ》て。トヱンチイ。フハイブ
［二十五銭］といふ約束《やくそく》さ。ツウチイプ［あんまり廉《やす》い］だから嬉《うれ》しくハないが。
千里《り》の能《のう》ある駿足《しゅんそく》と雖《いへど》も。之《これ》を知《し》るの伯楽《はくらく》なけれバ。余義《よぎ》なく平凡《へいぼん》の駑馬《どば》と伍《ご》し
て。我多《がた》々馬車《ばしゃ》を牽《ひ》かざるを得《え》ずだ。我々《われわれ》の労力《ろうりょく》を廉価《れんか》に売《う》ツちやア。いくら

か見識《けんしき》が下《さが》る訳《わけ》だが。是《これ》も勢《いきほひ》のしからしむる所《ところ》。財政危急《ざいせいききふ》の今日《こんにち》に在《あ》ツてハ。是非《ぜひ》に及《およ》バぬといふ次第《しだい》さ。それゆゑ其価値《そのあたひ》で甘心《かんしん》して。やつてやる積《つもり》に約束した
（坪内逍遙『当世書生気質　明治文学全集16』筑摩書房）

漢文調あり、くずれた英語あり、そしてもちろん俗語や方言丸出しであり、という状況がよくわかると思います。つまり、当時のことばは、地域、そして身分、男女、階級、階層によって四分五裂であった、現在の言語学でいう言語の「位相」が、きわめて複雑に錯綜していた、と言うことができます。今の若者ことばも結局のところ、「乱れ」などではなく、そのような「位相」差の一つに違いないのです。

「標準語」以前の書きことば

話しことばが以上のような状況だったのに対して、書きことばはどうだったのでしょう。明治維新によって中央集権政府ができたのだから、政府公用語を筆頭として、書きことばは、少なくとも、統一的なものが存在していたはずだ、という憶測が成り立ちそうです。しかし事実は逆で、当時の書きことばは、話しことば以上に四分五裂の状態であったのです。というよりも、共通の話しことばが存在しないところには、実際に話されることばを文字化した共通の書きことばなど、もとより存在し得るはずがないのです（ここでは、そもそも話しことばを文字化することができるか、また、音声〈フォネー〉が書記〈エクリチュール〉よりも根源的なのかという問題は

別にします)。もとになる話しことばの四分五裂の状況で、そこに何か共通の書きことばを存在させようとすれば、あり得る方法はただ一つ、人々が実際に話していることばとはまったく異なった、ただ書記言語のためだけの書記言語を使用することでした。古い因襲的な漢文訓読文こそが、それに当たりました。

漢文訓読体

漢文訓読体は、それまでの武士階級や知識人(あるいは私塾などでの庶民の子弟)の素養として、あるいは行政語として、実際の口語体とはまったく別の文体として、暗記されたり、暗誦されたりしていました。もちろん幕藩の公文書としても使われていました。その漢文訓読文のみが、まさにそれが実際の話しことばとはまったく異なるがゆえにこそ、近代国家黎明期の日本では、ほとんど唯一の「共通」語たり得たわけです。

たとえば、それは次のようなものでした。以下は西周《にしあまね》「美妙学説」の冒頭です。古色蒼然としていて、現代の私たちにはきわめて読みにくいのではないかと思います。

哲学ノ一種ニ美妙学《エッセチクス》ト云アリ是所謂美術《ハインアート》ト相通シテ其元理ヲ窮ムル者ナリ人ノ性上ニハ道徳ノ性アリテ善悪正邪ヲ分別スル作用具ハルハ固ヨリ言ヲ待タス又此性ノ一枝別トシテ正義ノ感覚アリテ己レヲ護リ人ヲ制スルノ道アリ此二者人間ノ社会ヲナスニ於テ少ク可ラサルノ元素ニシテ古ヨリ聖賢ノ千言万語許多ノ論説アリト雖トモ此二者

ニ出ルコト莫シ（『明治芸術・文学論集79』筑摩書房）

漢語の氾濫

当時の状況は次のようだったのでしょう。それまでは、行政語や、一部の者の素養としてのみ存在した漢文（漢字かな混じり文）が、新聞などのマスメディアを通じて、それまではまったく漢文に接してこなかった民衆の日常にまで、伝達の手段として否応無しに広まっていきました。しかも、時代は、開国と文明開化。それまでの語彙ではまったく表現できないような外来のことばや概念が、なだれのように襲いかかってきます。新しい制度や仕組み、文化や事物を表現するためには、もはやそれまでの伝統的な和語はもちろん、従来の漢語ではまったく不可能になりました。カタカナ書きで使われる外来語に加えて、漢字の音読みを使った膨大な量の漢語が造語されました。今私たちが普通の日本語として使っている「社会」や「宗教」とかいうような熟語のほとんどは、この時代に新しく造語されたものです。後年に柳田国男は、「いまや農村の女子までもが「関係だの例外だの全然だの反対だの」とかいう「悪趣味な」漢語を口にする世の中になったと嘆いた」そうです（イ・ヨンスク『「国語」という思想』）。

片方に古い因習的な形式、つまり形骸化したとも言える古色蒼然とした文体が存在し、他方に、新しい概念や新語があふれかえる。なんとか新しい事態を表現しようと、古い形式の中に新しいものを詰め込んではみるものの、従来からの漢文調の持つ大袈裟《おおげさ》でステレオタイプな表現様式にどうしても引きずられてしまい、さまざまなゆがみや不都合が生じたのが当時の日本語の現状でした。

国字・国語・国文改革運動

さて、当時の日本語の状況を、明治政府初代文部大臣森有礼《もりありのり》は、『日本の教育』「序文」の中で次のように述べています。「(日本の)書きことばの文体は中国語同然である。あらゆるわれわれの教育機関では中国の古典がもちいられてきた。〔略〕中国語のたすけなくしては、われわれの言語は決して教えられてこなかったし、いかなるコミュニケーションのためにも用いられなかった。これこそわれわれの言語の貧しさのあかしである」(傍点引用者、『森有礼全集』第三巻)。「現在日本で用いられている書きことばは、話しことばとまったく関係がなく、ほとんどが象形文字でできている。それは混乱した中国語が日本語に混ぜ合わされたものであり、すべての文字そのものが中国起源である」(傍点引用者、『森有礼全集』第一巻)。

日本独自の国字、国語が存在し得ないこと、日本語が中国語との混ぜ合わせであること、まさに森が見抜いたこれらのことこそは、実は、日本語の本質、否、ひいては、言語そのものの本質を鋭く射抜いたものだったのです。が、しかしそれは当時の近代国民国家創出時の国家意識にとっては、「貧しさ」と慨嘆される事態だったのでしょう。この「由々しき」事態を打開せんとさまざまな試みがなされました。さまざまな国字・国語・国文改革運動が起きました。森自身の「漢文の代わりに英文をもって日本語とする」というような極論も出る一方、漢字を排斥し、すべてをローマ字書きにせんとする主張（羅馬《ローマ》字会）、あるいは古い和文体を擬してすべてを日本独自の文字（と思われた）仮名文字書きにせんとする主張（かなのくわい）などもありました。新聞も、すべて仮名書きのものが出されたりしました。以下に、ローマ字文と仮名文の例をあげておきますが、このような運動がほとんど功を奏さなかったのは、言うまでもありません。きわめて読みにくいのに加えて、結局は、因襲的な文語文や漢文訓読文をただ仮名表記しただけに終わっているからです。

NYOSHI NO KYOIKU TO YASOKYO KAIRYO NO HO.

Toyama Masakazu

Hito no kengu wo shiran to hossuru mono wa nani yori mo mazu sono haha no kengu wo toubeshi. Kuni no kaika wo susumen to hakaru mono wa yoroshiku mazu sono kuni no fujin wo kairyo suru koto wo tsutomezaru bekarazu.（以下略）

（山本正秀『近代文体発生の史的研究』）

かなもじにて、ふみ、かゝむには、ひとの、みゝに、いりやすくして、むげに、いやしからぬ、ことばを、えらび、なるべく、かんごを、もちひぬことを、こゝろがくるこそ、かんえうならめ。

（藤野永昌「かなのみちびき」同書）

江戸のことば・上方のことば

もちろん、このような、書記言語の文体の他に、他方では、江戸時代以来の、戯作《げさく》本、仮名草子《かなぞうし》、洒落《しゃれ》本、噺《はなし》本、滑稽《こっけい》本、人情本などの流れの中に、庶民が日常的に用いる話しことばを用いた文章が存在していたことも事実です。『浮世風呂』の次の部分は、江戸女（「山」と表記してあるほう）と上方女（「かみ」と表記してあるほう）がお互いの訛りを非難しあう場面で、当時の口語がきわめて生き生きと書きことば化されたものとして有名です（『浮世風呂　新日本古典文学大系86』岩波書店）。

かみ　へ、関東《くわんと》べいが、さいろくをぜへろくとけたいな詞《ことば》つきひやなア。お慮外《りよぐわい》も、おりよげへ。観音《くわんおん》様も、かんのんさま。なんのこつちやろな。さうだから斯《かう》だから、トヽ、あのまア、からとはなんじやヱ

山　「から」だから「から」さ。故《ゆゑ》といふことよ。そしてまた上方《かみがた》の「さかい」とはなんだへ

かみ　「さかい」とはナ、物の境目《さかひめ》じや。ハ、物の限《かぎ》る処が境《さかい》じやによつて、さうじやさかいに、斯《かう》した境《さかい》と云《いふ》のじやはいな

「観音様」を「くわんおんさま」（合拗音）と言うか「かんのんさま」（連声《れんじょう》）と言うか、

また理由を言うとき「～から」か「～さかい」か、江戸ことばと上方ことばの対比の妙がうかがえるではありませんか。

しかしこれらの表現は、基本的には、江戸（や上方）という一地方のことばの表現であり、「標準語」とされるものとは、大きく異なっています。つまりそれらはあくまでも、あまたある方言のうちの一つであるに過ぎず、とうてい、統一国家の統一的な言語と言うべきものではありませんでした。

「日本語」の不在

このように、書きことばもまた話しことばと同様に、四分五裂の状態であったわけです。一方にかみしもを着たような古色蒼然とした漢文訓読体、その対極に、漢字や漢文をあやつることのできた当時の知識階級から見ればきわめて「卑俗」な口語体、折衷体の文章、そして擬古《ぎこ》文、ローマ字文、仮名文、というように書きことばは分裂し、現在の標準的な書記言語とは程遠い状況に日本語はあった、と言うことができるでしょう。つまり、近代統一国家の黎明期には共通で統一的な「日本語」は、存在しなかったのです。

したがって、それは、作り出される必要があったのです。それも、標準語制定にきわめて大きな役割を果たした国語学者上田万年のことばで言えば、次のようなものとして。

標準語といふのは、実際の言語の理想的に彫琢せられたものである。或《ある》地方の言葉を標準とするといつても、其の地方の言葉そのまゝ、其《そ》の全体が標準となるのではない。之《これ》に取捨が加へられ、之に折衷が行はれる。此《かく》の如《ごと》く語られるといふ事実の集合で無く、此の如く語らなければならないといふ理想的の標準を示すものである。

（上田万年『国語学十講』）

ここで「或地方の言葉」と言っているのは、もちろん、当時の政治権力の中心地であった東京の山の手地方の、しかも「中流」以上の人々の話しことばをさします。しかし、そこで実際に話されることばは、あくまでも、あまたもろもろの諸方言の一つである（一つに過ぎない）東京「方言」であって、けっして「理想的の標準」ではありません。「理想的の標準」は、したがって、とくに国家という力を背景にして人為的に（「之に取捨が加へられ、之に折衷が行はれ」）、作り出される必要があったわけです。

「標準語」の誕生

明治三十三年、文部省は国語調査委員を任命、同三十五年「国語調査委員会」を設置、国語調査委員会は「専ラ標準語制定ノ参考ニ供センガ為メ」という目的で調査を開始し、その結果を順次出版していきます。そしてまさに「此の如く語らなければならないといふ理想的の標準」として『口語法』が刊行されたのが大正五年（『口語法別記』は大正六年）。それらは、標準語の確定に決定的な役割を果たしました。標準語とは、「此の如く語られるといふ事実の集合」の存在の後から人為的に、つまり国家という力を背景に作り出された「人工言語」なのです。それが、日本「国」語としての日本語です。この近代日本「国」語成立の過程で起きた悲喜劇については、後述「日本語はだれのものか」に譲るとして、当面ここではっきりしておきたいことは、次の点です。つまり、標準となり、もとになるような日本語がまずあって、それが「訛ったり」「分化」したりして、各種のバリエーション（方言や各種位相語）ができたのではない、ということです。事実はその逆なのです。

日本語は純粋なのか

「純粋な日本語」願望

「純粋な日本語」を求めて

日本語の「乱れ」や外来語の氾濫を嘆く声は、現在も、また過去も、同じように繰り返されてきました。その点は、「日本語はどこにいるのか」で見たとおりです。そうだとすると、人間の考え方の常として、「乱れ」や外来語によって不純になる前の、純粋な日本語があった、あるいはそのようなものがあってほしい、という願望や主張が出てくるのもまた、必然なのでしょう。しかしはたしてそのような願望は満たされるのでしょうか。

日本語の場合、外来語による「最初」の、そして「最大」の攪乱《かくらん》と言えば、三・四世紀ごろ、朝鮮や中国から漢字が入ってきたことでしょう。自分たちの話しことばを表記する手段を持っていなかった人々にとって、音韻、文法、文体、表記その他のすべての点で完成された体系を持つ別の言語が突然襲いかかってきたときの衝撃は、想像を超えるものがあったのでしょう。もちろん漢字・漢文の読める知識階級は数の上では限られていたにしても、少なくとも、日本語史上初めての書きことばが出現したことは、歴史上大きなターニングポイントでした。音韻、文法、文体、表記などの点で日本語は大きな影響を受けたはずです。そしてその影響は、書きことばのレベルだけではなく、当然話しことばへも遡及していったはずです。ということは、もうその時点で、日本語は、他の言語との相互作用や混合（混ぜ合わせ）という事態を、圧倒的な力で被《こうむ》ることになります。

となると、いったい純粋な日本語というのは、どこに存在することになるのでしょう。純粋な日本語があったはずだ、あるいは、あってほしい、という願望はいったいどこで満たされるのでしょう。その願望を満たすために登場するのが、そのような攪乱に晒《さら》される以前からあったとされる言語の存在です。それこそが、日本語の源であり、その後の変容にもかかわらず、日本語の奥底に水脈のように流れ続いていることばだとされます。いわゆる「大和言葉」、和語こそが、それにあたります。最も日本語らしい日本語、もともとの日本語、原日本語、連綿と枯れることなく続いている伝統の言語、そのように純化された姿こそが「大和言葉」だとされるのでしょう。しかし実は、それは、過大な願望の所産にしか過ぎないのであり、さらに言えば、思い込みと錯覚の所産にしか過ぎないのです。
たとえば次の文章などは、そのような過大な願望と思い込みを如実に語っているものに他なりません。

「大和言葉」幻想

大和言葉こそ日本語の源
大和言葉こそは有史以前から、もう少し限定して言うと八世紀初頭に初めて歴史書(『古事記』、『日本書紀』)が編纂される以前から日本人が使い続けてきた言葉であり、われわれの血と同じく古いのである。
日本人が「気負《きお》い」をなくして自己の情緒の本然《ほんねん》の姿にもどるとき、つまり魂のふるさとに回帰するとき、その表現は大和言葉になるのである。その典型的な例は日本の和歌(短歌)である。古今の絶唱と言われるような名歌は、たいてい大和言葉オンリーで出来上がっている。

いはばしる　たるみの上の　さわらびの　もえ出づる春に　なりにけるかも
(志貴皇子《しきのみこ》／万葉集)

(渡部昇一『日本語のこころ』)

しかし、もし今ここに、当時の上代語や「大和言葉」がそのまま再現されたとしたら、現代の人間のいったいだれがそれを理解できるというのでしょう。古代語の語彙が現在と大きく異なっていることはもちろんです。しかしさらにそれ以上に、ことばの意味を弁別するための最も基本的な要因である音韻が現在とは大きく異なることが最大の理由としてあげられます。おそらく、まったく別の異国のことばを聞いているか、かなり訛ったことばだと感じるに違いありません（もちろん古代人にとっては、現代語こそ、「超訛った」ことばだと感じられるのですが）。とくに万葉仮名《まんようがな》によって書かれた『万葉集《まんようしゅう》』のような韻文は、当時のことばの音韻を、伝来した漢字の字音や字訓を借りて表現しようとしています。その漢字音によって表現された音韻は現代とはきわめて異なるのであって、それを現在の、いわゆる五十音のひらがな表記によって表して、「現代音」流に発音しても、当時の韻律とはきわめて異なるものでしかないはずです。先の文章にあげられた短歌は、本来は次のような表記になっています。

石激《いはばしる》　垂水之上乃《たるみのうへの》　左和良妣乃《さわらびの》　毛要出春尓《もえいづるはるに》　成来鴨《なりにけるかも》

（『万葉集』巻八、一四一八、『日本古典文学全集』小学館）

ここでたとえば、「いはばしる」や「はる」の「は」は、本来、「パ」や「ファ」に近い音であり、「いぱ／いふぁ」、「ぱる／ふぁる」という感じで、それがさらに語頭以外はワ行音に転呼しました。それを「現代」流に「いわ」「はる」と詠《よ》んでは、それはもう、原日本語はおろか上代語でもありません。また、「ばしる」という連濁現象は、一定の時を経過した後のことであり、連濁を起こす以前の「もともとのことば」とも言うべき「原日本語」とは異なります。また『万葉集』当時、「の」は、「之」あるいは「怒」と書き分けられて別々の音韻として発音されていましたし、さらに、「もえ」の「え」は、現代の「え」と異なって、「要」「延」の場合はヤ行のエ［je］（「イェ」という感じ）であり、「衣」（ア行のエ［e］）とは異なります。このように韻文の生命である音韻は、有史以前と上代、あるいはその後、また現代とでは、大きく異なるのです。そのことへの考察を抜きにして、大和言葉が、もともとの日本語であり、それが変わることなく連綿として続いている、などと即断することはできません。言語はそもそも、変容することの中にその持続的本質を維持するものだからです。大切なのは、現代のさまざまなイデオロギー的立場からの願望や思い込みを離れて、その変容の歴史的事実を、冷静に受けとめることだと思います。

　そのような視点から、日本語はどこから来たのか、どのような変容を遂げたのか、大雑《おおざっ》把《ぱ》に振り返ってみたいと思います。

漢文で書かれた『古事記』

　有史（記録）以前、つまり、漢字という文字や漢文が入ってくる以前の、話しことばだけの日本語がどのようなものであったのか、その文法、語彙、話体はどうであったのか、そしてそれがどのような音韻を持っていたのか、そのような点について私たちは想像する以外方法がありません。つまり、日本語の源やいわゆる原日本語がどのようなものであったのかを、私たちは確定する論拠を持たないのです。現存している書記言語のうち最も古いと言われている「金石文《きんせきぶん》」や『古事記』『日本書紀』は、そこに和文独自の構文が混入しているとは言え、基本的には漢文で書かれています。たとえば次のとおりです。

於是伊耶那岐命見畏而逃還之時其妹伊耶那美命言令見辱吾即遣予母都志許売令追

……ここに、伊耶那岐《いざなき》の命《みこと》見《み》畏《かしこ》みて逃げ還《かへ》ります時に、その妹《いも》伊耶那美《いざなみ》の命《みこと》「あに辱《はぢ》見せつ」と言ひて、すなはち予母都志許売《よもつしこめ》を遣《つか》はして追はしめき。

（『古事記　日本古典集成』新潮社）

当時の知識階級、そしてさまざまな文明や文化をもたらした渡来人、留学者、留学僧にとっては、漢文こそが正規の書きことば（真名）でした。彼らは、漢文とその音韻に精通し、その規則にそって、自らの思想を表現し書き記し、なおかつ漢文の音韻のまま発音していたのでしょう。漢文こそが正規のことばであったのに対して、口語である日本語は、あくまでも「土語」にしか過ぎなかったのであり、したがって、それら書記言語によっては、口語としての日本語の姿は間接的にしか浮かび上がってきません（もちろんその後日本で独自に生み出された漢文訓読法によって、外国語であった漢文は、まったく日本語的に読み下され、漢字、漢語は日本語の重要な一部として取り込まれていったのですが）。かろうじて、書記言語の中に挿入された、固有名、歌謡などが漢字音を借りて（音借）表音的に書かれていることによって、部分的に、当時の日本語の片鱗を類推することができるだけです（例：先の文章中の、伊耶那岐、伊耶那美、予母都志許売、など）。

混種混血の『万葉集』

それに対して、先の典型的な大和言葉の例として出された『万葉集』は、韻文の集成である点で、意味を表現することを主眼とした前記のものとは大きく違います。韻文の命は音韻やリズムです。つまり当時の日本語話者が実際に声に出した音声をなんとかそのままの形で表現することが求められたわけです。『万葉集』の編者たちはそれを音借による音仮名（例、左《さ》和《わ》良《ら》妣《び》）、訓借による訓仮名（例、夏樫《なつかし》、忘金鶴《わすれかねつる》など）、そして漢字の本来の正訓、またあるときは戯書（文字遊びや擬声語、九九の数字遊びなどを使ったもの。たとえば、これらは何と読むかわかりますか？ 色二山上復有山者、馬声蜂音石花蜘蟵、二八十一不在国……〈答え〉色二山上《いろにい》復有山者《でば》、馬声《い》蜂音《ぶ》石花《せ》蜘蟵《くも》、二《に》八十一《くく》不在国《あらなくに》）などを種々に混ぜあわせ工夫することによって、実行しようとしました。たとえば、『万葉集』巻頭の有名な歌（雄略天皇、巻一、一）は、次のように表記されています。

籠毛与《こもよ》　美籠母乳《みこもち》　布久思毛与《ふくしもよ》　美夫君志持《みぶくしもち》　此岳尓《このをかに》　菜採須児《なつますこ》　家吉閑名告紗根

こもよ　みこもち　ふくしもよ　みぶくしもち　このをかに　なつますこ　〇〇〇

漢字の字音をそのまま（と言っても日本人によって聴き取られた音韻で）使っているところと、日本語による訓を使っているところが入り混じっていることがよくわかります。しかし、「家吉閑名告紗根」（〇〇〇〇〇）のところは、イヘノラへ、イヘノラセ、イヘキカナなどの説がありますが、「本当の」「正しい」読み方（定訓）が定まらない、つまり当時の発音の仕方が、はっきりとはわかっていません。なかには次の歌の傍線部のように、訓《よ》み方がまったくわからないものもあります。

莫囂円隣之大相七兄爪謁気　吾《わ》瀬《が》子《せ》之《こが》　射《い》立《たた》為《せり》兼《けむ》　五《いつ》可《か》新《し》何《か》本《もと》　（額田王《ぬかたのおおきみ》、巻一、九）

このことは大変象徴的です。すなわち、どんなに原語の音韻に忠実に表記しようとしても、漢語と日本語とはもともと異なる言語なのですから、そこにはそもそも大きな隔たりがあったということです。同じ言語であっても、書きことばは実際に発音されたことばとは大きく異なっている可能性があるのであり、まして体系のまったく異なる言語によって表記されているのですから、その可能性はますます強くなります。また、そもそもその原語の音韻が現在ではまったく残っていないところでは、類推と想像によるしかないということになります。

しかしそれでもなお、私たちが『万葉集』によって、当時のことばを類推したり想像できたりするのは、実は、逆説的ですが、その『万葉集』が持っている雑種的性質、漢語と和語との混血性、多言語性のおかげなのです。たとえば次の歌を比べてみましょう。

多麻保許乃《たまほこの》　美知尓伊泥多知《みちにいでたち》　和可礼奈婆《わかれなば》　見奴日佐麻祢美《みぬひさまねみ》　孤悲思家武加母《こひしけむかも》
たまほこの　みちにいでたち　わかれなば　みぬひさまねみ　こひしけむかも
（大伴家持《おおとものやかもち》、巻十七、三九九五）

君尓恋《きみにこひ》　痛毛為便無見《いたもすべなみ》　楢山之《ならやまの》　小松下尓《こまつがもとに》　立嘆鴨《たちなげくかも》
きみにこひ　いたもすべなみ　ならやまの　こまつがもとに　たちなげくかも
（笠女郎《かさのいらつめ》、巻四、五九三）

たとえば私たちは、現在「恋」という漢字でその意味が表現されることばが、当時存在したのか、そしてそれは、どのように発音されていたのかという、きわめて素朴な疑問を抱くとしましょう。その問題は、正訓「恋」が、ある場所では音仮名によって「孤悲」（孤悲思家武加母・こひしけむかも）と表記してあることによって解決することができます。当時「孤悲」という音韻によって発音され、かつ「恋」という意味を持ったことばが確かに存在していた、と言えるわけです。また文末の「鴨」は、鳥の鴨の意味ではなく、終助詞「可毛・かも」であることもわかります。現在の私たちが、当時の上代語をなんとか読み下し、また漢字によって表記された書きことばから当時実際に話されたことばをなんとかか類推したり想像したりすることができるのも、この貴重な資料が、正訓、音借、訓借、そして漢文というような、きわめて雑多な書記方法を採っていることによるわけです。その雑多な書記方法によって記されたことばを総称して、私たちは和語と呼んでいるわけです。

前記の歌に出てくる「こひ」「みち　に　いでたち」「わかれ　な　ば」「痛《いた》も　すべな　み」「見ぬ　日　さまねみ」「かも」などは、当時の人々が実際になんらかの形で使っていたことばなのでしょう。それらの音韻を持つことばは、漢文の構成の中には存在しなかったことばでした。それらを、まったく別の言語である漢語の文字を使って表現しようとした労苦が想像されるではありませんか。『万葉集』はそれらのことばの当時の読み方や音韻をある程度（あくまでもある程度）反映して私たちに伝えてくれています。『万葉集』が日本語のふるさとであり、またさらに進んで日本人の心性のふるさとであるかのように考えるのも、ここのところからなのでしょう。

しかし、私たちは、次のことをけっして忘れてはいけません。『万葉集』の中のそれらのことばが、確かに漢文の中には直接には存在しないことばであり、その意味で「大和言葉」や和語であることは確かだとしても、それはあくまでも、漢字というエクリチュール（書記）によって表された結果としての語であり音韻である、ということです。どんな言語についても言えることですが、純粋な話しことばがまったく純粋さを保ったまま、中身は変わらず、外側だけ衣装をまとうように、書記言語（この場合は漢字）という衣としての表記を身につける、というようなことはほとんどあり得ません。漢字、漢語によって話しことばを書き記そうとしたとき、そこになんらかの相互作用が生まれ、混血的な何かが生み出されるのは確実です。意味、音韻、文法、語彙、すべての面にわたってそのことは言えます。

たとえば、「梅」「菊」「寺」「馬」など、現在から見れば純粋の和語だと思われることばは、実は、その意味も、読みも、つまり、そのシニフィエ（記号内容）もシニフィアン（記号表現）もあわせて、ことば（記号）そっくりそのまま、漢語から移し入れられたものです。「夫婦」「天地」「天子」「栄華」「権威」「家門」「国王」など、現在の日本語話者が当たり前の日本語として使っているものは、実は、六朝《りくちょう》梁《りょう》時代の『文選《もんぜん》』の中に見出されるものであり、それを平安貴族が必須の教養として暗記したとされています（井上ひさし『文章読本』）。

また日本語（和語）の助詞や助動詞とされる「べし」「しむ」「〜ば」などの用法は、漢文とその訓読につきもののスタイルであり、純粋の和文体と言えるかどうかわかりません。日本語は、漢語や漢文と接触したその瞬間から、大きな変容を被ったということです。

『万葉集』のことば、上代語や大和言葉とされるものも、もちろん例外ではありません。ましてそれは、普通の話しことばとはまったく異なり、韻を踏むべく作られたいわば「人為的」言語です。それがある程度、原日本語の姿を反映しているのは確かだとしても、もうそれは、接触によって変容した後の姿の表現であり、先の例のようにそれを直接に「日本語の源」とか「原日本語」とかとするわけにはいかないのです。

「大和」言葉は方言だった

さらに、日本語の源とされるものが「大和」言葉という呼称をつけられている、という問題もあります。次の歌はきわめて有名なものですが、そこには、この問題の適例が現れています。

瓜食《は》めば　子どもおもほ由《ゆ》　栗食《は》めば、まして偲《しの》は由《ゆ》……

（山上憶良《やまのうえのおくら》、巻五、八〇二）

この、助動詞「ゆ」は、「らゆ」とならんで、受身、自発、可能を表す助動詞で、奈良時代に特有のものです。しかしそれは、しだいに変化していき、平安時代には、「る」「らる」に変わり、「ゆ」「らゆ」は一部を残して消滅しました……というのは事実ですが、それには、多少注釈を要します。「ゆ」「らゆ」は、奈良大和地方の方言だったのですが、政治権力が奈良から離れるにしたがって、京都山背《やましろ》地方の方言、「る」「らる」のほうが優勢になり、ついには、「いわゆる」などの少数の例を残して、消滅したのです。つまり、同じ言語が時とともにしだいに変化したというよりも、「大和」言葉とは、その字のごとく、今の奈良大和地方に特有の方言であったわけです。時代とともに政治権力や経済力の中心が変遷するにつれ、今度は別の地方の方言が主流となり、書きことばのほとんどを占拠するようになる、そうなると、かつては大和地方の方言が正統だとされたのに対して、今度は、京都の公家のことばが正統だと見なされるようになった、というのが実相です（『言語学大辞典』三省堂）。

「る」「らる」が出現したとき、過去の「正統」な「ゆ」「らゆ」になじんだ人にとっては、「今（の京）風」の「る」「らる」など、まったく非正統な、訛った田舎弁の最たるものに思えたことでしょう。しかし時代が過ぎれば、今度は、京言葉である「る」「らる」こそが正統となり、しかもさらにそれが「れる」「られる」に変わり、さらに今や、「られる」に代わって「ら抜き」の「れる」が、数々のそしりにも負けず、幅をきかせるようになりました。そのうちどれが正統なのかは、実は、誰にも決められないのです。まして大和言葉と言われるものも、実は、ある限定された地域と限定された歴史の一局相の言語に過ぎません。また、後にも述べるように、『万葉集』の表記によれば、その音韻は、現在のそれよりもはるかに複雑であり、しかもそれは歴史の変容過程の途上にあります。そして、それはあくまでも韻文であり、当時の話しことばとは異なります。さらにそれは、なんと言っても、漢字を表記し万葉仮名を操ることのできた中央の知識階級の手によるものです（東歌《あずまうた》や防人《さきもり》の歌も、編集者たちの手によって採録され記述されたものです）。このように多くの限定条件をつけたその上で初めて、それは当時の、あるいはそれ以前の、つまり漢字漢語伝来以前のことばをある程度反映していると言えるのであって、それをもって「日本語の源」であるとか、「原日本語」であるとすることなど、とうていできないのです。

日本語の「祖語」は

このように、その雑種的性格を特徴とする『万葉集』によって、私たちは、特定の時代と特定の地域に限定されたことばとしての「大和言葉」について、ある程度知ることができます。しかしさらにそれ以前の「原日本語」、まさに本当の「日本語の源」ともいうべきものについては、私たちは、それがいかなるものであったのか、確定したことは何も知ることができません。記録以前の原日本語とは、印欧「祖語」がそうであるように、想像された架空のことばとして、限定的にその存在を語るしかないのです。ましてそれが今も変わらず綿々と続いているというような即断など、けっしてできません……というような点を押さえた上で、記録以前の日本語、日本語祖語とも言うべきものの性格について調べてみましょう。

比較言語学や歴史言語学などの研究の結果、おぼろげに次のようなことが推測されるようになってきました。最も特徴的なのは、日本語は、とりわけ混合言語、つまり混ぜ合わせだということです。どの言語も、「祖語」と呼ばれるものも含めて、いずれの言語もなんらかの意味で「混合言語」なのですが、とりわけ日本語はその色彩が強いのです。つまり、日本語は、その出自や起源をこれこれと同定できるようなはっきりとした系統を持っていないのです。現段階でははっきりとわからない、と言ったほうが適当かもしれません。

日本語には種々雑多な言語の要素が入り混じっています。想像するに、かつては陸続きであった日本列島に、北方から、とくに朝鮮半島から、また、海路を通じて南や西から、さまざまな人々がさまざまな言語をもって渡来し、そのつど言語学的異文化接触を繰り返しながら、長い時間をかけてゆっくりと漢字漢語伝来以前のことば（原日本語口語）が醸成されていったのでしょう。そこでは、どれが「本来」の和語でどれが「本来」の外来語か、などという区別は、まったく無意味です。

たとえば、次のような具合です。言語の大きな親縁関係としてアルタイ諸語（キルギス語、ツングース語、トルコ語、モンゴル語、朝鮮語などを含む）という集合体を設定できると言われていますが、そこでの特徴の一つは、述語動詞が文末を締めくくる形で最後に登場し、それを補完する補語の役割を持つ各品詞が順繰りに登場して最後の述語動詞を限定したり修飾したりする、という「連辞的統語構造」だとされています（それに対して、印欧語のように、名詞、形容詞、動詞などの性・数・格を一致させるような語形変化を生み出して、それらのあいだに文法的な統合関係を作り出すのは「範列的言語」と呼ばれています）。つまり、アルタイ諸語においては、文末に叙述における山場が来て、それを次々に限定したり修飾したりする形で、一文が展開されるわけです。語順でいうと、SOV（主語・目的語・動詞）の形になります。一三〇の言語を調査した言語学者角田太作の研究によれば、このSOVの語順を取る言語は、五七言語、それに対してSVOの語順を取る言語は五一言語、Vが文頭に来る言語は少数、とされています（角田太作『世界の言語と日本語』）。

ということは、日本語の統語構造や語順は、世界のどこにでもあるごくありきたりの言語族のうちの一つということになります。往々にして、日本語は、主語（主格）をはっきりさせない点や、（名詞や主語ではなく）動詞や述語が文の中心位置を占めるという点で、特殊でまれな言語であるとか、さらに進んで、そのような言語を使用する日本人の心性や思考的特性もそうである、といった憶断がなされる場合があります。しかし前者の問題は基本的には、言語の基本的な形式である統語構造や語順から発生する問題であり、そしてその点では日本語は世界の言語の中で特殊でもなんでもないのであって、そこから日本語の特殊性とか、まして日本人の心性や思考的特性などを直接に導き出すことなど、とうていできません。日本語は、前述のような統語構造を他の多くの言語と共有しているからです。また、アルタイ諸語や朝鮮語との関連で言えば、文法的機能を担う助詞や助動詞を単語の後ろに後から付け加えていく「膠着《こうちゃく》」語であること、動詞に活用があること、冠詞のないこと、名詞に性の区別がないこと、などの共通点を日本語は持つと言われています（大野晋『日本語はいかにして成立したか』）。

「混合言語」としての原日本語

さらに、日本語の起源として推定されるものとして、南太平洋のアウストロネジア語や、インドのドラヴィダ系諸語（とくにタミル語）などがあげられています。前者では、どの音節も母音で終わり、音節がKA, SA, TA, NAなどのように単純である（子音の連続するst, prなどの音節は存在しない）点で、日本語の起源である可能性があり、また後者では、語順、形容詞が名詞の前に、副詞が動詞の前に来る点、目的語が動詞の前に来て文末に動詞・助動詞が来る点、助詞を後置する点、ラ行音が語頭に立たない点、「ぞ」「や」「か」の係り結びを持つ点、五七五七七の韻文形式を持つ点、そして、とりわけ五〇〇以上の音韻対応語を持つ点で、日本語の起源である可能性があるとされています（大野晋、同書）。

『日本語はいかにして成立したか』の中で大野晋は、これらの三つの起源を、歴史的段階に応じて振り分け、位置付けています。つまり日本語の最も古層に、縄文《じょうもん》時代の日本語としてのアウストロネジア語系の言語を位置付け、稲作や金属器、機織《はたおり》がもたらされた弥生《やよい》時代に、ドラヴィダ語族タミル語系の言語を位置付け、そして古墳《こふん》時代に支配勢力が朝鮮半島から流入した時代に、アルタイ語系、とくに朝鮮語系の言語を位置付けて、新しい層が古い層に覆いかぶさるように、重層的に原日本語とも言うべき言語が形成されていった、という説を展開しています。その説の当否をここで論ずることはできませんが、いずれにしても想像されることは、現在、単純に「日本語」という単数形で呼んでいる言語が、実はもともとは、音韻、文法、語彙などの点できわめて異なる幾種類もの言語の混ぜ合わせ（混合言語）であり、きわめて重層的複合的なものであった、ということなのです。日本語という実体が最初から存在したわけではなく、幾多の異種言語の接触や変容を経て、雑種混血的なものとして、原日本語が形成された、ということでしょう。それが漢字・漢語伝来以前の、その意味で「純粋」な和語や大和言葉ですが、まさにその「純粋」な和語こそが、それ自体雑種混血だ、ということです。およそ、どの文化も雑種混血であるように、どの言語もまたそうなのです。

日本語における「言文一致」運動を振り返る――口語の噴出

口語こそ言語の生命

さて、日本語の歴史を大きく振り返って見るとき、あたかも地下のマグマが大爆発を起こして地表に噴出し、溶岩として痕跡を残したような現象が、計三回あったと言われています。その際、マグマとは、実際に話されることばとしての日本語、つまり口語日本語であり、その痕跡としての溶岩とは、書きことばに表された限りでの日本語、つまり文語日本語に当たります。「歴史のままにまに、それ自体において流動しつつ、たゆみなく変化するゆえんの生命は、口語にしかない」のであり、文献に書き記されたものは、その生命の痕跡であり、その変動する生命を推測するよすがとはなっても、その生命それ自身ではありません（『言語学大辞典』三省堂）。言語を創造し、変化させ、そして進化させる力の源、つまり言語の生命は、あくまでも口語にあるわけです（たとえば、福島直恭の著書名そのまま、『〈あぶないai〉が〈あぶねえe:〉にかわる時』のように）。

それを逆にしてしまってはいけません。とくに、軟弱でひ弱な口語に比べて、文語体などの「古い言葉遣いには、現代の日常的な言葉遣いにはない力強さ」があり、それを暗誦することこそが身体に活力を与える方法である、などと考える（斎藤孝『声に出して読みたい日本語』）のは、ことの本質を見誤った錯覚としか言いようがありません。実際に声に出されて発話される口語にこそ、言語の生命の源はあるのですから。

言語の生命である口語日本語が起こした三回の爆発は、おびただしい量の溶岩、つまり、文語日本語を噴出させました。そしてそれによって日本語という大地の光景は、きわめて大きな変容を遂げました。その第一回目が、もちろん、すでに触れた漢字・漢語の伝来とそれによる表現だとするのならば、第二回目は、日本語独自の書記方法である仮名文字の創出なのでしょう。仮名文字によって表記された新規の書きことばは、それまでの漢字のみの使用に制限されていた日本語を解き放ち、その書きことばの層を広げ、あるいはその上に堆積して、新たな日本語の書きことばの大地を形成するにいたりました（『言語学大辞典』三省堂）。いわゆる「古典文語」「文語体文語」、とくに、私たちが、『枕草子』や『源《げん》氏物語《じものがたり》』『古今集仮名序《こきんしゅうかなじょ》』や『土佐日記《とさにっき》』などで読むことのできる作品群がそれに当たります。

最初の「言文一致」運動

仮名は、万葉仮名を見ればわかるように、そもそもすでに仮名（音仮名）として使われていた漢字の一部を省略したり形を崩したりして平安時代に作られたもので、そのもとは漢字それ自体なのですが、しかし、漢字と異なってあくまでも音だけを表現する文字であり、その一字一字は日本語の音節の一つひとつに対応しているという点で、日本語における初めての表音文字と言うことができます。それによって初めて、日本語の口語は、自らの音節を自前の手段で表現することができるようになりました。その意味で私たちは、後代（近代の）の「言文一致」運動になぞらえて、それを日本語における最初の「言文一致」運動と呼んでもさしつかえないのではないでしょうか。

発音を異にするあらゆる仮名を集めて手習詞《てならいことば》とした「あめつち」四八文字。そしてア行の「え」とヤ行の「え」の区別が消失した「いろは歌」四七文字。これらはおおよそ（あくまでもおおよそ）ではあるけれど、当時の日本語口語の音の世界を表現しています。そこにはもうすでに『万葉集』の時代とは大きく変わったことばの世界がありました。かつて「きひみけへめこそとのもよろ」各音節にそれぞれ甲乙二類の書き分けのあった上代特殊仮名遣《じょうだいとくしゅかなづかい》は、そこではほぼ消失し、音韻の体系は、複雑な母音構成（[iː][ëː][öː]や[əi][æ]などを含む）から現在の五母音へと大きく単純化されました。「いは」、「さは」のような語中語尾のハ行音は、もうすでにワ行音で発音されるようになっていました。おそらく前後の母音に挟まれた[Φ]は、[β]に変化しやすく、それが[b]との混同をさけるため[w]に変化したのでしょう。

さらに、『万葉集』でも一部見られた各種音便が広がりました。「つぎて→ついで」「くだして→くだいて」などのイ音便、「くはしくす→くはしうす」「かなひて→かなうて」などのウ音便、「えらびて→えらんで」「よみたる→よんだる」「しにしこ→しんじこ」（死児）「をみな→をんな」などの撥音便、そして「たちて→た（っ）て」「きりて→き（っ）て」（「っ」は当時無表記）などの促音便です（『言語学大辞典』三省堂）。

音韻は、実際に口に出して発音されるという話しことばの本質を最も直接に反映する部分であり、それゆえ、ことばの変容を最も敏感に表す部分です。万葉仮名で書き分けられていた複雑な音韻が単純化したのも、「え」と「ゑ」、「お」と「を」が同音になったり、「い」と「ゐ」が混同されたりするのも、すべて、実際に発音されることば、つまり口語こそが言語の変容と進化の原動力となっているからです。音便などはその最たる例でしょう。今、私たちが当たり前のように使っている各音便形も、それが使われ始めた当初（つまり平安初期）では、きわめて訛った言い方だ、「いとわろし」などと考える人も多かっただろうことが推測されます。しかし、言い分ける必要のないものがより発音しやすい方へ変化するのは、ことばの理の当然なのです。もちろん逆に、言い分ける必要のある部分は、「きて」と「き（っ）て」のように、よりはっきりと区別される方向に変化していくのもまた、ことばの理の当然でしょう。

仮名文字の創出

『万葉集』の時代の複雑な音韻規則は、あるところではより単純化され、また、別のあるところでは逆に、語頭にラ行音や濁音が立てるようになったり、イ音便・ウ音便のように語中に母音音節が入るようになったり、と複雑化して、総体として、話しことばとしての日本語は大きく変わっていきました。その口語が、ひらがなという自前の表現手段を得て、もちろん当時の書き手は漢字漢文にも精通していたのでしょうから、それら双方を合わせて、マグマのように書きことばの地表に噴出したのが平安期だというのは、どうやら確かなことのように思われます。もちろん、従来からの漢文や漢字文、そしてそれを日本語風に訓《よ》み下した漢文訓読文が一方にあり、また『万葉集』以来の韻文形式が他方にあって、それらに折り重なるようにして、新しい文字による仮名文が作られていったのです。

以下当時の日本語の、書記の多様性を示す典型的な例として、漢文で書かれた『古今集真名序《まなじよ》』とその訓読文、仮名で書かれた『同仮名序』、そして漢字カタカナ混じり文の典型として『今昔物語集《こんじやくものがたりしゆう》』をあげておきます。

『古今和歌集真名序』

夫和歌者託其根於心地発其花於詞林者也（夫《そ》れ和歌は、其《そ》の根を心地に託《つ》け、其の花《はな》を詞林に発《ひら》くものなり）

『古今和歌集仮名序』

やまとうたはひと能（の）こころをたねとしてよろつ能（の）ことの者（は）とそなれりけるよ能（の）奈（な）かにあるひとことわさしけきものなれ者（ば）

（『古今和歌集　日本古典文学全集』小学館）

『今昔物語集』

今昔本朝ニ聖徳太子ト申聖御ケリ用明天皇ト申ケル天皇ノ始テ親王ニ御ケル時突部ノ

真人ノ娘ノ腹ニ生セ給ヘル御子ナリ……（今昔《いまはむかし》、本朝《ほんてう》ニ聖徳太子《しやうとくたいし》ト申《まうす》聖《ひじり》御《おはしまし》ケリ。用明天皇《ようめいてんわう》ト申《まうし》ケル天皇《てんわう》ノ、始《はじめ》テ親王《しんわう》ニ御《おはしまし》ケル時《とき》突部《あなほべ》ノ真人《まひと》ノ娘《むすめ》ノ腹《はら》ニ生《むま》セ給《たま》ヘル御子《みこ》ナリ）

（『今昔物語集　日本古典文学全集』小学館）

というわけで、表音文字としての仮名、とくにひらがなの創出によって、日本語はある程度、その言と文の一致、口語と文語の一致を表現することができるようになりました。たぶん、『枕草子』などは、当時としては、

限定された「言文一致」

きわめて新鮮な感覚を当時の人々に与えたことでしょう。しかしその「言文一致」は、あくまでもある程度に過ぎないのであって、そこにきわめて大きな限界があったことは言うまでもありません。その限界の一番大きな点は、もちろん、それがごく一部の階級、つまり貴族階級の中の一部の知識人の書きことばに限られていたということです。

そもそもことばが文字化されるときには、その書記によって変容を受けたものしか、私たちには伝えられません。『万葉集』が東《あずま》歌とか防人《さきもり》の歌というような民衆の歌を平等に載せたといっても、その口語そのものをそのまま写すことはできなかったと同様に、日本独特と言われる和文や仮名文、つまり、古典文語文は、ごく一部の公家ことばに限定されたものでしかなかったのです。しかも、『源氏物語』のような流麗な文体は、基本的には、一人の天才の手による書きことば（文語）であり、現在の日本語話者の理解の水準をはる

かに超えると同様に、当時の日本語話者の口語の水準ともかなり異なっていたことが予想されます。つまり、いかに仮名という自前の表記手段を獲得したとは言え、そしてある程度口語の表現がそれによって果たされたとは言え、それがはたして当時の日本語、とくに話しことばを表現しているかどうかという点については、当然のことながら、その「言文一致」はきわめて限定されたものでしかなかったのです。そこでのマグマの噴出は、確かに大きなものであったけれど、そのおよそ八〇〇年後の近代社会における大噴火（近代の「言文一致」運動）に比べれば、規模も質も比べものにならないほど限定されたものだったのです。

口語の噴出――近世の日本語――

さて、その大噴火を準備した構造的地殻変動と予震について考えて、「日本語はどこから来たのか」を閉じることにしましょう。

平安時代後期から、鎌倉、室町と時代が進むにつれ、文語と口語のあいだの隔たりは、徐々に大きくなっていきました。漢字文やひらがな文（ひらがな漢字混じり文）や漢字カタカナ混じり文などが、まさに文語としてしだいに洗練され完成されていく、つまり文語的文語文（古典的文語文）が完成していくのに比例し、それらはしだいに書くためだけのものに固定化され、実際の話しことばからは少しずつ隔たっていきました。それは、高度な文語文を持った古代ギリシャ、ラテン語の例を見るまでもなく、ことばの持つ理の必然だと言えるでしょう。しかし、ことばの生命と進化の源は口語にあることを考えれば、高度な文語文の創出が必ずしもことばの生命とその進化に直結するものでないことは、言うまでもありません。ことばの変容と進化を準備するものは、まさに口語であるからです。

そのような意味からすれば、平安期の古典的文語の創出と同程度に、否、実はそれ以上に、室町期以降の口語芸術、口語文学の頻出のほうが、ことばの変容と進化の歴史にとっては重要なのでしょう。民衆が実際に話す口語そのもののエネルギーが増大し、その結果、書きことばの中へとそれが噴出したからです。そのような口語資料として私たちに残されているのは、たとえば、口語的特質をきわめて色濃く出すようになった歌舞伎や狂言などの科白《せりふ》であり、さらに書きことばでも、「御伽草子《おとぎぞうし》」や「仮名草子《かなぞうし》」など、もともと「語り」のことばだったものがその「口頭語の調子を残しながらも文語文の鋳型《いがた》にはめられ」(『言語学大辞典』三省堂)て作られたもの、などです。

さらに、江戸期になると民衆の口語のパワーはよりいっそう増大し、それに基づく書きことばが、圧倒的な量で生み出されることになります。浄瑠璃《じようるり》本、咄《はなし》本、黄表紙《きびようし》、洒落《しやれ》本、そして浮世草子《うきよぞうし》、滑稽本、人情本、読《よみ》本など、まさに、民衆の文学とも言うべきものが開花します。もちろんそこでも口語がすべてそのまま使われていたのではなく、地の文は、漢文訓読調であったり、旧来の文語文法に忠実な雅文や擬古文であったりし、その中に口語の会話文が挿入されて、独特の新旧（雅俗）渾然《こんぜん》たる様相を呈しています。しかし全体としては、きわめて多くの俗語が使用され、あるいは漢語が自由自在に使われるなど、そこには、明治期の口語による表現の爆発を準備するものがあります。それは、明治以降の最後の大噴火につながる地殻変動と予震だったかもしれません。

日本語の大変容――上代語・古典文語・近世口語・現代語

そこでの日本語は、上代語や古典文語に比べてきわめて変容した姿をしています。室町以降、日本語は現代語に大きく近づいたと言われていますが、その変容の様子を、特徴的な部分だけでもまとめてみましょう。

文法の変容
―動詞の活用―

文法は言語の仕組みの中で、比較的安定していると言われていますが、その文法が、室町以降、大きく変化しました。とくにそれは、動詞の活用に顕著です。文語の規範とされる文語文法では、動詞の活用は、四段（読む）・上一段（見る）・上二段（落つ）・下一段（蹴る）・下二段（告ぐ）・カ変（来〈く〉）・サ変（す）・ナ変（死ぬ）・ラ変（あり）と九種だったのが、江戸時代では、四段（ナ変・ラ変が合流）・上一段・下一段・カ変・サ変へと大きく単純化され、統一化されました（その時点から現代語の五段・一段・カ変・サ変のシステムへの変化は、もうあと一歩を残すだけです）。たとえば、かつての二段動詞「落つ」「告ぐ」は、その終止形「落つ」「告ぐ」が連体形「落ちる」「告げる」によって代用されるようになり、結局、一段動詞と同じような活用型になってしまいました。かつてのナ変・ラ変もまた同様に、その終止形（死ぬ・あり）と連体形（死ぬる・ある）が合体して、ともに「死ぬ」「ある」となり、結局は四段動詞になってしまいました。

ここでもまた、今まで何度も見てきたことが当てはまります。ことばが変化する場合、新しいことばを最初に表現した人たち、たとえば従来の「落つ」「告ぐ」ではなく「落ちる」「告げる」と発音したり書いたりした人たち、あるいはそれをまねた人たちは、たぶん世間から、「なんて間違ったことば遣いをするんだ」と大いにそしりや非難を受けたに違いないのです。その人たちの意識に、何か新しいことを話したり書いたりしてやろうという気持ちがあったかどうかはまったく不明です。がしかし、そこには無意識のうちに、量も優勢な動詞である四段動詞と一段動詞の活用をまねたり、類推したりする作用が働いていたに違いありません。「日本語はどこにいるのか」で見たように、現在でも、動詞や形容動詞が形容詞の活用をまねて、「ちょっとちがくて」とか「きれかった」「きれいかった」となったりするのは、まさにそれと同じ作用によるのです。どんなにそしりを受けても非難されても、変わる理由や価値のあるものは変わってしまうし、そうでないものは変わらない、ということばの理はどこでも同じです。今はまったく正統だと思われている「落ちる」「告げる」もまた、そのような変容の結果に過ぎません。

文法の変容―助詞・助動詞―

さらに、品詞の中でも比較的変化しにくい部分である助詞や助動詞に関しても、次のような変化があります。かつての断定の助動詞「なり」「たり」は、「にてあり」「であり」などを経て、現在の「だ」「じゃ」「である」「であ」「でおぢゃる」へ、存続・完了の「たり」は「た」へ、否定の「ず」は東国方言の「ん」「ない」へ、推量の「む」は「う」「よう」へ、推量の「らむ」「けむ」「まし」「めり」は、「らしい」「ようだ」「そうだ」「げな」などへ変化しました。とくに、私たちが現在当たり前のように使っている「です」「ございます」などの、かつては忌避された語頭濁音を持つ丁寧語が新たに作り出されたのは、出色の変化と言わなければなりません。それらは出現時には、古き伝統を尊ぶ人々を憤慨させたに違いないのです。

またいわゆる「てにをは」の部分、つまり助詞は、日本語の統語構造の骨格をなすとも言える部分であるがゆえに、比較的変化しにくかったのですが、そこでも、係助詞と終助詞に大きな変容が見られます。とりわけ、文語文法のシンボルとも言うべき「係り結び」、つまり係助詞「ぞ」「なむ」「や」「か」と連体形との結合関係が、江戸時代にはまったく衰退しました。これは、先に見たような、動詞活用の一段化（連体形が終止形と合一して両者の区別が解消されてしまった）のため、わざわざ係り結びを取る意味がなくなったことも一因ですが、さらに、係助詞の役割の変化も一因となっています。

もともと係助詞（「は」「も」も含めて）は、客観的に描叙される事態（dictum）の論理的関係とその格を明示する格助詞とは異なって、その事態に対する話者の主観的態度（断定、疑問、意志、推量、疑い、など）、つまり「叙述のムード（mood）」を表現する役割を持っていました（「は」の場合には話者による主題〈theme〉の提示の役割も）。「○○こそ＋已然形」「○○ぞ＋連体形」といった場合には、事態をただ単に客観的に描叙するのとは異なった意味がそこに含まれていたのですが、しかし同時にそれら係助詞は、事態の論理的関係や格関係を表現する役割をも、二重に担っていたわけです（現在でも「は」「も」は、両機能を持っています）。

時代が進むにつれて、それらの役割の一部（格関係の明示）は、次第に格助詞へと転嫁され、「○○が」「○○を」という形で格を明示する言い回しが多くなりました。かつての係助詞が併せ持っていた機能は、ちょうど、助動詞「られる」のうちの可能表現が「ら抜き」の「れる」として分化していったように、しだいに機能分化していったのでしょう。

重過ぎる役割がしだいに整理され単純化されていく……係り結びの衰退と格助詞への機能分化にも、そのことは当てはまります。そこにはことばの変化とその理の必然があります。したがって、よく巷《ちまた》で聞くような議論、日本語では、主語や主客関係が明示されない傾向が強いとか、後代になって初めて明示されるようになったとか、それが日本人的思考の短所だとか、逆に長所だとかいう議論は、言語の構造や形式とその変化の問題を見過ごしている点、そしてそれを直接に日本人の心性や思考の問題に直結させてしまっている点で、きわめて短絡的だ、ということになります。

音韻の変容

さらに、音韻の変化も重要です。最も目に付くものの一つは、先にも述べられたハ行音でしょう。室町時代のなぞなぞで、「母には二たびあひたれけれども、父には一度もあはず」（『体源抄《たいげんしょう》』／『何曾《なぞ》』）（答えは「唇」。「母」は両唇摩擦音[Φ]を二つ持つから）という問題があったように、語頭のハ行音はながらく[Φ]でした。今は当たり前の「はは」（母）は、「本来」は「ふぁふぁ」であったわけです。それがしだいに変化し、江戸時代には現代の[h]になってきたのです。なぜそのようなことがわかるかと言うと、十七世紀の『平曲指南集』や『音曲玉淵集《おんぎょくぎょくえんしゅう》』に、「ハ行は、唇の音とせよ」との指示があり、そこから、当時すでに[Φ]から[h]への変化が生じていて、そのためわざわざ指示する必要があったものと推測されるのです。

同様なことが、「え」と「を」についても言えます。奈良時代に［e］（衣）、［je］（江）双方が存在し、「あめつち」では「榎（え）の枝（え）を」（と推測されている）と「え」が二つあって、音声的にも使い分けられていましたが、平安時代の「いろは歌」にはその区別がなくなって「え」［je］に混一していました。江戸時代には、それが［je］から現代風の［e］に変化したことが、『謳曲英華抄《おうきょくえいかしょう》』にわざわざ「「え」は「い」より生ず」と断ってあることから、推測されます。同書には、「「を」は「う」より生ずる……」ともあって、「を」も、今風の［o］ではなく［wo］でした。つまり、かつては「榎木《えのき》」は「イェのき」、「音」は「ウォと」であったわけです。また、私たちがふつうに「se」と発音している「せ」は、室町末期のキリシタン資料ではsa,「xi」, su,「xe」, soのように表記されていて、ロドリゲスが関東（坂東《ばんどう》）発音に関して、「Xeの音節はささやくようにSeに発音される」（ロドリゲス『日本大文典』）と記述していることから、室町末期、とくに上方や京都では、「しぇ」により近い音で発音されていたと推測されます。「世界」は、「せかい」ではなく「しぇかい」であったわけです。

現在私たちが慣れ親しんでいる「標準語」の音韻は、当時の日本語の主流をなしていた上方や京都の「標準語」からすれば、きわめて訛った田舎ことば（坂東語）に聞こえたのでしょう。ここでも、日本語の幅の広さを思い知らされます。

雑種混血の日本語

これまで私たちは、上代語、古典語、近世語、そして現代語のあいだに存在する差異を、さまざまな側面から見てきました。もちろんそれら以外にも、きわめて多くの差異が存在しています。語彙、音韻を始めとして、助詞や助動詞、動詞や形容詞の活用といった文法の根幹にかかわる部分も、大きく変容しています。また、文体や話体も、漢文訓読体や和文体から和漢混淆《こんこう》文、候文や雅俗折衷文、そして現代の口語、さらには若者ことばにいたるまで、きわめて幅広い範囲を日本語は揺れ動いてきました。変化していないのは、SOVという語順や、助動詞や助詞を動詞や形容詞や名詞の後ろに付け加えていく、いわゆる「膠着」語の仕組みくらいのものです。語彙にいたっては、漢語や外来語が入り混じり、いったいどれがもとからの「和語」であったのか、語源をたどって明確に境界線を引くことなどほとんど不可能な状態になっています。

しかしそれでもなお、私たちは、それらをすべて一まとめにして日本語と呼ぶことができます。厳密な同一性ではなく、ゆるやかで幅広いなんらかの親縁関係がそれらのあいだに認められるからです。そのことによって現代人も、遠い昔の漢文の『古事記』や万葉仮名の『万葉集』、そして古典文語の『源氏物語』を、同じ日本語であると認め、そして（なんとかがんばって勉強すれば）、それらを同じ日本語だとして読むことができます。つまり、日本語とは、それらをすべて包含した、きわめて寛容で幅の広い、雑種混血的なことばであると言うことができるでしょう。私たちはそのような日本語のあり方をこそ、慈しみたいものです。

日本語はだれのものか

日本語の新たな「多様性」へ向かって

「優れた日本語」？「劣った日本語」？

「古い日本語」は「よい日本語」か

『声に出して読みたい日本語』の「日本語朗読ブーム」をまきおこした『声に出して読みたい日本語』の「おわりに――身体を作る日本語」でその著者斎藤孝は次のように述べています。

「最高のものを型として反復練習し、自分の技として身につける。このことは、教育の基本である。ある程度の強制力を持ってでも伝え、身につけさせるべき何かを持たないのならば、そもそも教育をおこなうべきではない。生涯にわたって意味を発しつづける豊かな文化を、身体に技として染み込ませるだけの意志の強さと迫力が、教師には求められる」。これらの言説を聞いて、歴史上のできごとに同じ「思想」を感じるのは、筆者だけでしょうか。たとえば、明治期、単一国家日本の象徴たるべき「国家語」として「標準語」を成立させ、それを唯一の「正しい日本語」として普及させるために、教育現場においては「方言撲滅運動」という方言矯正が行なわれました。また、アイヌや朝鮮の人々は、日本国家の同化政策によって日本語と日本の生活文化を強制的に教育され、母語であるアイヌ語や朝鮮語を放棄させられたのです。太平洋戦争時に日本が植民地統治下で行なった言語政策は、「日本語を身体化させる」という教育でした。しかもそれは、異言語に対する「日本語」の絶対的優位をとなえ、「日本語」を優れた「文明の言語」として教育することによって、植民地下の人々の「身体」に「八紘一宇《はっこういちう》」や「日本精神」という「思想」を注入しようとするものでした（安田敏朗『脱「日本語」への視座』）。

『声に出して読みたい日本語』に採録されたのは、明治生まれ以前の作者によって作られた「文語体のものがほとんど」だと言いますが、それは「古い言葉遣いには、現代の日常的な言葉遣いにはない力強さ」があり、「風雪に耐えてきた実績を重んじるとともに、明治までの日本人が持っていた感性や気概や美意識を直接感じやすくするというねらい」からなのだとか。そして、著者はこう続けます。「最高のものを自分の身の内に染み込ませることによって、日本語の善し悪しが感覚としてわかるようになる。モーツァルトを聴くことで、音楽の質を感じとる感性が養われるように、最高級の日本語に初めから出会う必要がある」と。

もとより筆者も「古い日本語」のすばらしさを否定するつもりはありません。しかし、「古い言葉遣い」と「日本人の感性や気概や美意識」を直結させるのは、あまりに短絡的です。その「感性や気概や美意識」を、「明治までの日本人」（この十把《じっぱ》一絡《ひとから》げ的な表現も適切ではありませんが）のいったい何人が持っていたというのでしょう。「日本語はどこから来たのか」で見たように、いつの時代にも「多様な日本語」が存在し、ことに明治期は日本語の「百花繚乱時代」とも言うべきときでした。それらの多様な日本語のあいだに優劣がつけられないように、「古い日本語」が優れていて「今の日本語」が劣っているなどと言うことができるはずがありません。そもそも、言語そのもののあいだに優劣などつけようもないのです。斎藤孝が繰り返す「優れた日本語」「質の高いもの」「最高の日本語」ということばには、言語に対する「偏見」を感じざるを得ません。社会言語学者ジョン・C・マーハは、次のように述べます。

言語に対して偏見を持つと、言語を純化したくなり、その結果純粋でない言語を話す地位の低い人々を追放しようとする可能性がある。実際、言語に対する偏見を理由としてグループ境界ができてしまったり、その境界を取り除くことが困難になったりする。数ある言語のなかから一つだけ純粋な言語、あるいはその一型を選び出そうとする選択には、しばしば「私のグループはあなたのグループより価値がある」という考えが含まれている。（ジョン・C・マーハ『新しい世界観・日本観に向かって』）

『声に出して読みたい日本語』は、数ある日本語の中からただ一つの「型」を選び出そうとしているのではないでしょうか（その「型」も、ただ、一定以上の世代の人々の郷愁を誘うような「古いもの」としか言いようのないものですが）。

「単一言語・単一民族」幻想

先に、「明治までの日本人」という言い方が不適切であると述べましたが、明治になって近代国家が成立するまでは、おそらく大多数の人々が「日本」そして「日本人」という「われわれ意識」を持つことなどなく生活していたと考えるのが自然でしょう。私たちは、「「日本」という言葉を冠して語ることによって、あたかも現在の「日本」が古代から連綿として続いているかのような錯覚にとらわれてしまう危険」（鈴木義里『つくられた日本語、言語という虚構』）があることを肝に銘じておかなければなりません。たとえ明治国家が成立したあとの日本の領土と目される範囲に限ったとしても、そこで日本語を使っていたのは「日本人」だけだと考えてよいのでしょうか。

前述のように、十九世紀初頭、ロシア帝国の北方諸島への脅威が大きくなると、それまで日本語をわざと学ばせない非同化政策をとっていた江戸幕府は、アイヌ人に日本語を習わせ同化政策を推進しました。明治時代に入ると、明治政府は北海道旧土人保護法（一八九九年）を代表とするいくつかの法案を制定して、アイヌの人々に「劣った民族」のアイヌ語を禁止し、「優れた民族」の日本語を強制していったのです。また、一八七九年、明治政府によって行なわれた廃藩《はいはん》置県《ちけん》の結果、琉球王国は廃止され、沖縄は日本の県となりましたが、それと同時に公の場では日本語を使うことが法制化されました。これに反するものには罰がくだされ、大正期に入ると多くの中学校では琉球語（沖縄語）の使用が禁止されたのです（ジョン・C・マーハ『新しい日本観・世界観に向かって』）。このように、明治時代に限っても、日本語を使う人たちはけっして「日本人」だけではなかったことがわかるでしょう。

　さらに、平成の現在では、戦前・戦後を通じて日本語を「母語」とせざるを得なかった在日コリアンと呼ばれる約一〇〇万の人々が、日本社会で生活しています（歴史をさかのぼれば、五世紀の日本には、朝鮮半島からわたってきた渡来人と言われる朝鮮の学者や使節が、漢文や宗教美術、仏教や儒教などをもたらしたのでした。国文学者中西進によると、あの万葉歌人山上憶良《やまのうえのおくら》も百済《くだら》系渡来人の一人であるとか）。注意すべきは、これらの人々にとって日本語は「母語」ではあっても「母国語」ではない、ということです。

現在、日本の外国人登録者数は一九一万人を超え、人口の一・五〇％を占めていますが（法務省入国管理局「平成一五年末現在における外国人登録者統計について」）、日本社会の少子高齢化による労働人口の減少はだれの目にも明らかで、日本のGDPを一九九五年時程度に維持するには、今後五〇年間、毎年六〇万人の移民を受け入れなければならないとの推計もあります（国連経済社会局二〇〇〇年発表）。

日本語を使う人々、そしてそこに現出する日本語の姿は、これまで以上に多様化の一途をたどることでしょう。二十一世紀に入ってようやく、多くの人々が、それまで日本社会に対して抱いていた「単一民族・単一言語・単一国家」という認識が「幻想」に過ぎなかったことに気付き始めました。「日本語」は、実はずっと以前から、「日本人」だけのものではなかったのです。

「標準語」の強制と方言撲滅運動

「言語に優劣がある」という考えは、さまざまな時代の局面において「差別」を生み出してきました。ここでは、「優れた日本語」「劣った日本語」という考えがもたらした言語差別について、「標準語と方言」の観点から概観し、それがいかにいわれなきものであったか、考えてみたいと思います。

作家の井上ひさしは一九三四年（昭和九年）の山形県の生まれですが、国民学校三年のおかしくも悲しい「方言撲滅運動」の経験を次のように記しています。

始業式の朝、クラス全員に罰札《ばつふだ》というものが配られ、教師が「これからは学校内で汚い米沢弁を使ってはいけない」と告げた。「もし、友だちが米沢弁を使っているのを聞いたら、その友だちの首にこの罰札をさげよう。罰札をさげられた者は、終業式まで首にさげっぱなしにしておくこと。ただし他の友だちが方言を使うのを聞いたら、その時は『あ、聞いたぞ』といって、罰札をその友だちの首へ移してよい」だれが考えついたか知らぬが、これは下らぬ矯正法だった。友だちの方言運用を指摘する時、摘発者が功名心で焦り、「おメー、エマ方言使ったベサ」と方言で叫んでしまうからである。相手の首に一枚さげるかわりにこちらも一枚さげなければならず、差し引きゼロのおあいこで、そうたいした効果はなかったからである。

（井上ひさし『日本語は七通りの虹の色』）

前述「日本語はどこから来たのか」で見たように、明治末から大正期にかけて、それまで「四分五裂」だった日本語を一つにするために政府は「標準語」を成立させ、学校教育はその「標準語」を徹底普及させる役割をになって、井上ひさしの記述にあるような「方言札」（「罰札」）を使って「方言撲滅」につとめました。次に示す当時の教授資料は、学校教育の果たした役割をよくものがたっています。

・下品ナル言語及方言・訛語ハ之ヲ避クベシ（「小学校作法教授要項第7　言語応対」明治四十三年）
・努めて標準語を用ひ、方言・訛語、卑語は避けざるべからず（「中等学校作法要項第5章　言語応対」昭和八年）
（『ことばの地域差―方言は今―』国立国語研究所）

これによって人々は、「母語」であった「方言」は矯正されるべき悪いもの、役に立たぬきたないもの、という認識を植えつけられたのです。この方言矯正は、地域によっては戦後しばらく続き、なかでも沖縄は、琉球王国との歴史的な軋轢《あつれき》もあって、学校教育の中で苛烈な方言撲滅運動が展開されました。

このような「方言蔑視」は、時代とともに薄められてはきましたが、現在でも解消されたとは言いがたいでしょう。戦後生まれ（一九四六年）で富山県出身の社会言語学者真田信治も、『標準語はいかに成立したか』の中で「山岳地帯の少数民として、都市と山村における生活水準の差から、方言が、卑しいもの、間違ったものと見られていた情況の中で、さまざまな体験をした」と記しています。筆者の大学のゼミでは、山形県出身の女子学生が「私の母親は「山形弁はきたない」といって、うちの中で方言を使うことを許しませんでした」と言い、「山形弁は本当にきたない」と顔をしかめて話しました。「標準語は優れていて方言は劣っている」「方言を使うことは恥ずかしい」という戦前からの価値観は、かなり長いあいだ、人々の中に存在し続けたと言えるでしょう。

しかし、その一方で、このような「標準語＝良いことば」「方言＝悪いことば」という図式が変化してきたことも、また事実です。戦後、価値の転換が始まり「標準語」に付随する「統制」のイメージがきらわれたこともあって、「標準語」は、あくまでも人為的に作られた、母語話者を持たない理念的言語、という認識が広まりました。代わりに、全国どこでも通用することばという意味で「共通語」という用語が一般に使われるようになりました。発音の仕方やアクセントの位置など気にせず、一人ひとりが、身につけた方言を「標準語」に近づけて「だれにでも通じる日本語」とした、自由度の高いものが「共通語」です。国語教育においても、一九五八年（昭和三十三年）の段階で「話しことばと書きことば、共通語と方言などのそれぞれの違いを考えさせる」（中学校学習指導要領、傍点引用者）と、「共通語」という用語が使われ始めました。一九八九年（平成元年）の中学校学習指導要領には「共通語と方言のはたす役割などについて理解すること」（第二学年）とあり、学校教育は、「共通語」と「方言」には役割に違いがあることを理解させる方向へと進んだことがわかります。平成十二年度の「国語に関する世論調査」では、「相手や場面によって共通語と方言を使い分ければよい」と考える人が七八・九％、「基本的に共通語を使い、方言はでき

「共通語」と「方言」のバイリンガル

【質問】共通語と方言について，あなたのお考えはどちらに近いですか

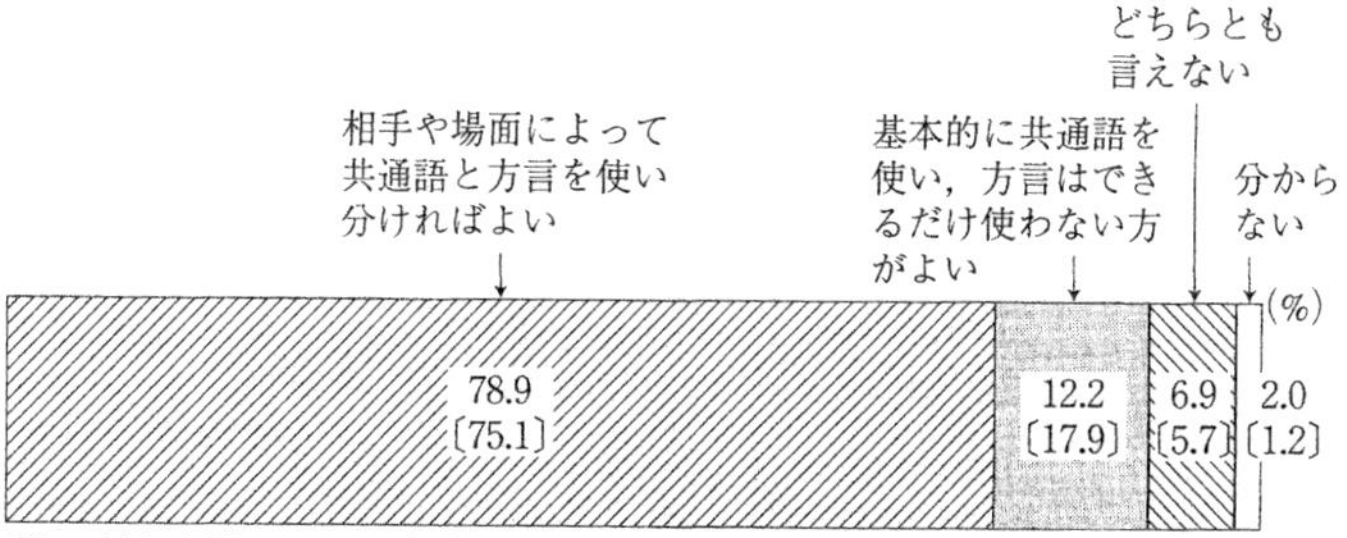

（注：対象人数＝2,192，〔　〕内は平成７年度調査結果，対象人数＝2,212）

図６　共通語と方言についての考え方
（『平成12年度国語に関する世論調査』文化庁）

るだけ使わない方がよい」が一二・二％となっていて、「共通語と方言の使い分け派」が「方言敬遠派」をかなり上まわっています（図６）。

現在は「方言と共通語の共生期」（佐藤和之・米田正人編著『どうなる日本のことば――方言と共通語のゆくえ』）にあり、方言をくだけたウチ意識の場面で、共通語をあらたまったソト意識の場面で用いる、という使い分けがなされています。これは、バイリンガルの二言語を切り替える現象「コード・スイッチング（コード切り替え）」と呼ばれるものとも思われ、こう考えると、現在ほとんどの日本人は、「共通語」と「方言」のバイリンガルと言えます。「方言」は今、自分の本音を話せるコード、自分のアイデンティティを表出できるコード、相手との連帯意識を持つことのできるコードとして、「共通語」にはない重要なコミュニ

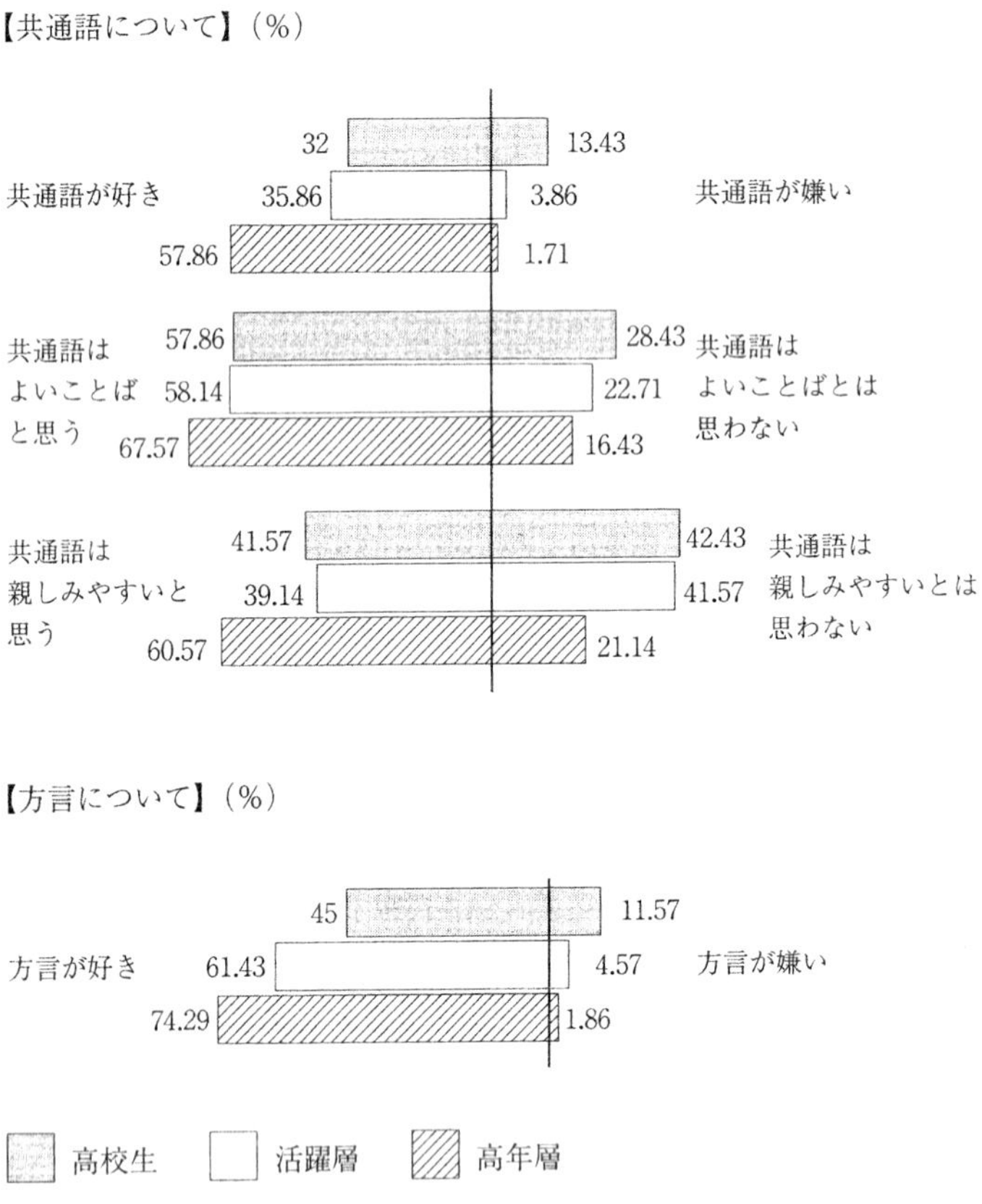

図7　共通語に対する意識（全国平均）
（『どうなる日本のことば』大修館書店）

ケーション上の役割を果たしているのです。ほとんどの人が「共通語」を話せるようになって「方言」の豊かさに気付き、それを利用して多様な自己を表し分けるようになったのでしょう。

その一方で、最近の若い世代は、当然のことながら方言離れが進み、どんどん共通語化してもいます。したがって、「方言」に対して強いアイデンティティを持つこともできず、かと言って、テレビなどから自然に身につけた「共通語」に、かつて学校教育で「標準語」をたたきこまれた高年齢層が持つほどの高い価値も見出せず……（図7）。このような無所属感、浮遊感の結果、全国的に広まっていったのが、「日本語はどこにいるのか」で見た「若者ことば」や「新方言」、「ネオ方言」（標準語と方言の混交形。関西のキーヘン→コーヘン、九州北部のジョーズカ→ジョーズイ、など）ではないかという分析もあります（大野眞男『どうなる日本のことば』）。

いずれにしても、いつの世も、一人ひとりの多様な自己を表出するために、私たち人間はさまざまな言語表現を求めているということだけは、変わりないのです。そして、その欲求を押しとどめることは、だれにもできないということも、また、時代を超えて変わらない真実なのだと思います。

「正しい日本語」「優れた日本語」としての第一条件は、まずは文法的な正しさでしょう。その「正しさ」の基準となる「日本語の文法」は、一つと考えてよいのでしょうか。

文法は一つか

そもそも「文法」というものは、最初にだれかが決めたものがありそれに従って人々が話したり書いたりしているのではなく、人々が書いたり話したりしているものを観察して、ことばの中にある法則を見つけだし、それを法則化したものなのです。私たちは、まず、この点を押さえておかなければなりません。したがって「文法」には、文法論の研究者個々人の重点の置き方や中心課題によって、さまざまな学説や学派が存在します。代表的な文法体系をあげると、山田孝雄《よしお》の「山田文法」、松下大三郎の「松下文法」、橋本進吉の「橋本文法」、時枝誠記《ときえだもとき》の「時枝文法」などがあり、それぞれの文法体系が国語学者の名前を冠していることからもわかるように、研究者の問題意識によっていろいろな文法が存在するのです。そして、国語学者渡辺実が「そのそれぞれは、文法というものの秘密の一部を解明するであろうが、全貌の解明はおそらく永遠の課題であろう。言語の秘密の奥行きは、それほどに深い、と言う他はない」(『日本語百科大事典』)と述べるように、言語の「文法」とは、それほど奥の深いものだと言えます。それは、言語を操る「人間」の「秘密の奥行きが深い」ことと同じことなのかもしれません。

国語教育においては、中学校で現代語の口語文法として「国文法」を学びますが、体系的な「日本語の文法」が日本の公教育で提示されるのは、おそらくこれが最初でしょう。これは、古典文を読み解くために必要な「文語文法」に対するもので、一般的には「学校文法」と呼ばれていますが、その基づく文法体系は橋本進吉の「橋本文法」です。この「口語文法」を学んだおかげで日本語がうまく話せるようになったとか、作文力が上がったなどという日本語母語話者は、いないと思います。むしろ、無意味な活用形の暗記を強いられるなど、苦痛にすら感じた人が多いのではないでしょうか。ここに、「文法」に対する認識の大きな誤解の原因があると言えます。「日本語はどこから来たのか」で見たように、標準語が一つでないのと同様、文法はけっして一つではありません。そしてそれは、国文法や学校文法だけを意味するものでもないのです。

「国文法」と「日本語教育の文法」

【問い】(1)「そうですね」と「そうですよ」はどう違いますか。
(2)「山に登る」と「山を登る」はどう違いますか。
(3)「雨が降りそうだ」と「雨が降るそうだ」はどう違いますか。

外国人にこのような質問をされたら、みなさんはどう答えるでしょうか。(1)は、日本に住む外国人が、朝、駅前でいっしょになった同僚に「寒くなりましたね」と声をかけられたときの話です。「そうですね」を使うことにあきた外国人が、おおいに共感を示そうと思って「そうですよ｜」と返事をしたところ、同僚は変な顔をして、ものを言わなくなってしまったというのです（"*Nihongo Notes*" O & N Mizutani）。たった一字「ね」と「よ」が違っただけなのに、「そうですね」と「そうですよ」では大違いということが、この逸話からもわかるでしょう。

では、その「大違い」のもとである「ね」と「よ」の違いとは何なのでしょう。(2)は、「山」と「登る」をつなぐ助詞に「に」と「を」を使った場合では違いを感じませんか。そこにはどんな違いがあるのでしょう。(3)は同じ「そうだ」でも、前に「降り」がつくか「降る」がつくかで表すものが違ってきますが、これをどう説明したらよいのでしょうか。これらの理由や説明を考えるのが、実は「文法」なのです。

天候の挨拶などには「いい天気ですね｜」「そうですね｜」のように、相手の賛同を期待して、また相手への賛同を示して「ね」をつけますが、これは、終助詞「ね」は、話し手と聞き手の「共有知識」と思われることにつけるからだと言えます。それに対して終助詞「よ」は、ハンカチを落とした人に「落ちましたよ｜」と知らせたり、窓の外を見て「雪が降ってきたよ｜」と天気の変化を知らせたりするときなどに使われますが、これは「よ」が、相手の判断はどうであれ自分の判断を強調して伝える、という働きを持っているからなのです。

(2)の「山に登る」には、登っていって「山（の頂上）に」到着するという感じが、また「山を登る」には、登る時「山（の中）を」通っていくという感じがないでしょうか。これを文法的に説明すると、前者は「駅に着く」「家に入る」などと同じ用法で、移動を表す動詞「登る」「着く」「入る」の動作主が到着する場所「山」「駅」「家」を「に」で示し、後者は「空を飛ぶ」「川を渡る」などと同じで、移動を表す動詞「登る」「飛ぶ」「渡る」の動作主が通過する場所「山」「空」「川」を「を」で示している、ということになります。

実際、【問い】のような、日本語学習者から出された質問や学習者の生み出した誤用が、日本語の文法の研究をかなり前進させたのは確かで、日本語教育において得られた知見が日本語の文法の解明に果たした役割は大きいのです。

一方、「国文法」は日本語話者にのみ通じる体系であって、外国人には通じない、不合理な部分を抱えたものとも言えます。たとえば、「国文法」では現代語の動詞の活用の種類は、五段活用・上一段活用・下一段活用・カ行変格活用・サ行変格活用の五種類となっていますが、日本語教育の文法体系では、上一段活用と下一段活用を区別する必要はないため、どちらも一段活用とします。また、活用形でも、現代語では同形である終止形と連体形を合わせて「辞書形」とします。逆に、五段動詞（「書く」）は、未然形（「かかない・かこう」）と連用形（「かいて・かきます」）に二つの形が存在するので、日本語教育では、未然形は「ナイ形」（「ナイ」に続く形）と「意志形」（「ウ・ヨウ」に続く形）に、連用形は「テ形」（「テ」に続く形）と「マス形」（「マス」に続く形）に分けています。つまり、日本語教育における日本語の動詞は五段動詞・一段動詞・不規則動詞（「くる」「する」）の三つに分けられ、その活用形はナイ形・テ形・マス形・辞書形・意志形・条件形（バ形）・命令形などに細分化されます。(3)の、「降る」のマス形についた「降りそうだ」は、もうすぐ雨が降り始めるような空模様に見えるという話者の気持ちを表し、「降る」の辞書形についた「降るそうだ」の方は、誰かから聞いたこと（伝聞）を表す、という説明ができます。同じ「そうだ」でも、動詞のマス形につくか辞書形につくかで、その表す意味がまったく変わることがわかるでしょう。

日本語母語話者は、これらの活用形を暗記する必要などまったくありません。そんなことをしなくても、活用形を間違えることはないのですから。そんな無意味な暗記をするのではなく、「そうですよ」と「そうですね」の違いを考えたときのように、実際の言語生活の中から用例を集め、自分の直感に照らして考えながら、ルールを導き出す。そうして見つけ出されたものが「言語の法則」＝「文法」であり、それを見つけ出すのが「文法」のおもしろさなのです。「学校文法」が、単に内から見た「国文法」にとどまり、外から見た「日本語の文法」という視点を欠く限り、この「おもしろさ」を知ることはできないのではないでしょうか。

「方言」の文法

ここで、「方言」を使って文法のルールを見つける練習をしてみましょう。

【問い】　次は「ある北海道の人の命令形」と「ある関西の人の命令形」です。右の「辞書形」から左の「命令形」を作るルールを考えてみましょう。

〈ある北海道の人の命令形〉

	〔五段	五段	一段	一段	一段	一段〕
辞書形	かく	のむ	みる	おきる	ねる	かける
命令形	かけ	のめ	みれ	おきれ	ねれ	かけれ

〈ある関西の人の命令形〉

辞書形	かく	のむ	みる	おきる	ねる	かける
命令形	かきい	のみい	みい	おきい	ねえ	かけえ

（野田尚史『はじめての人の日本語文法』より一部変更）

「ある北海道の人の命令形」は、五段動詞も一段動詞も活用語尾（傍線部）を「ウ段→エ段」（語末母音「-u→-e」）に変化させれば命令形が作れます。「ある関西の人の命令形」の場合、五段動詞は活用語尾が「ウ段→イ段い」と変化していますが、一段動詞の場合は

「みる」「おきる」と「ねる」「かける」で活用が異なっているため、上一段動詞（「みる」「おきる」）と下一段動詞（「ねる」「かける」）を区別する必要が出てきます。したがって、「ある関西の人の命令形」の作り方は以下のようにルール化されます。

五段動詞　kaku→kakii　nomu→nomii　＝-u→-ii（ウ段→イ段い）
（かく）（かきい）（のむ）（のみい）

一段動詞　miru→mii　okiru→okii　＝-iru→-ii（る→い）
（みる）（みい）（おきる）（おきい）
neru→nee　kakeru→kakee　＝-eru→-ee（る→え）
（ねる）（ねえ）（かける）（かけえ）

「方言」には「方言」の、それぞれの法則、つまり「文法」が存在することがわかるでしょう。「方言」は、けっして「文法もない、標準語のくずれたもの」ではないのです。

「均質な国語」から「多様な日本語」へ

日本語の転換期

さて、明治の近代国家成立以来、日本「国家」が目指してきた均質な「国語」は、話しことばにおいては標準語（あるいは共通語）という形で、書きことばにおいては漢字かな交じり文による口語体で、ほぼ完成されたと言えます。しかし、現在では、「日本語はどこにいるのか」で見たように、さまざまに「日本語」が変化して「新しい日本語」が出現しており、さらに、急増する外国人による日本語も加わって、その多様性は、明治期の「ことばの百花繚乱時代」の再来かとも思えるほどの様態を示しています。それを「日本語の乱れ」と嘆き、「古い時代」の「正しい日本語」「美しい日本語」(これが「幻想」でしかないことは「日本語はどこから来たのか」で見たとおりです)に戻そうとして過去の愚を繰り返すのではなく、「均質な国語」が崩壊する代わりに、「新たな日本語」が誕生しつつあるのだと考えてみてはどうでしょう。そう考えると、その大きな「日本語の転換期」に、今、私たちは立ち会っているのかもしれません。

ここでは、その「均質な国語の崩壊」の一端を示し、その代わりに生まれつつある多様性に富んだ「新しい日本語」の姿を日本語教育の現場から示してみようと思います。

「日本人の言語行動」?

【問い】　次の言い方が気になりますか。

(1)（会社で上司である部長に対して）コーヒーがお飲みになりたいですか。

(2)先生は講義がお上手ですね。

典型的な「日本人の言語行動」としていくつか取り上げられるものがあります。【問い】は、目上に対してその欲求・願望を直接的な表現でたずねたり、評価に関わることを述べたりするのは失礼だと感じられる、という「日本人の感覚」に基づくものです。(1)の

【質問】ここに挙げたのは，いろいろな場面での気配りなどを表す言葉です．この中から，あなたが使うことがあると思う言い方（似た言い方を含む）を幾つでも挙げて下さい

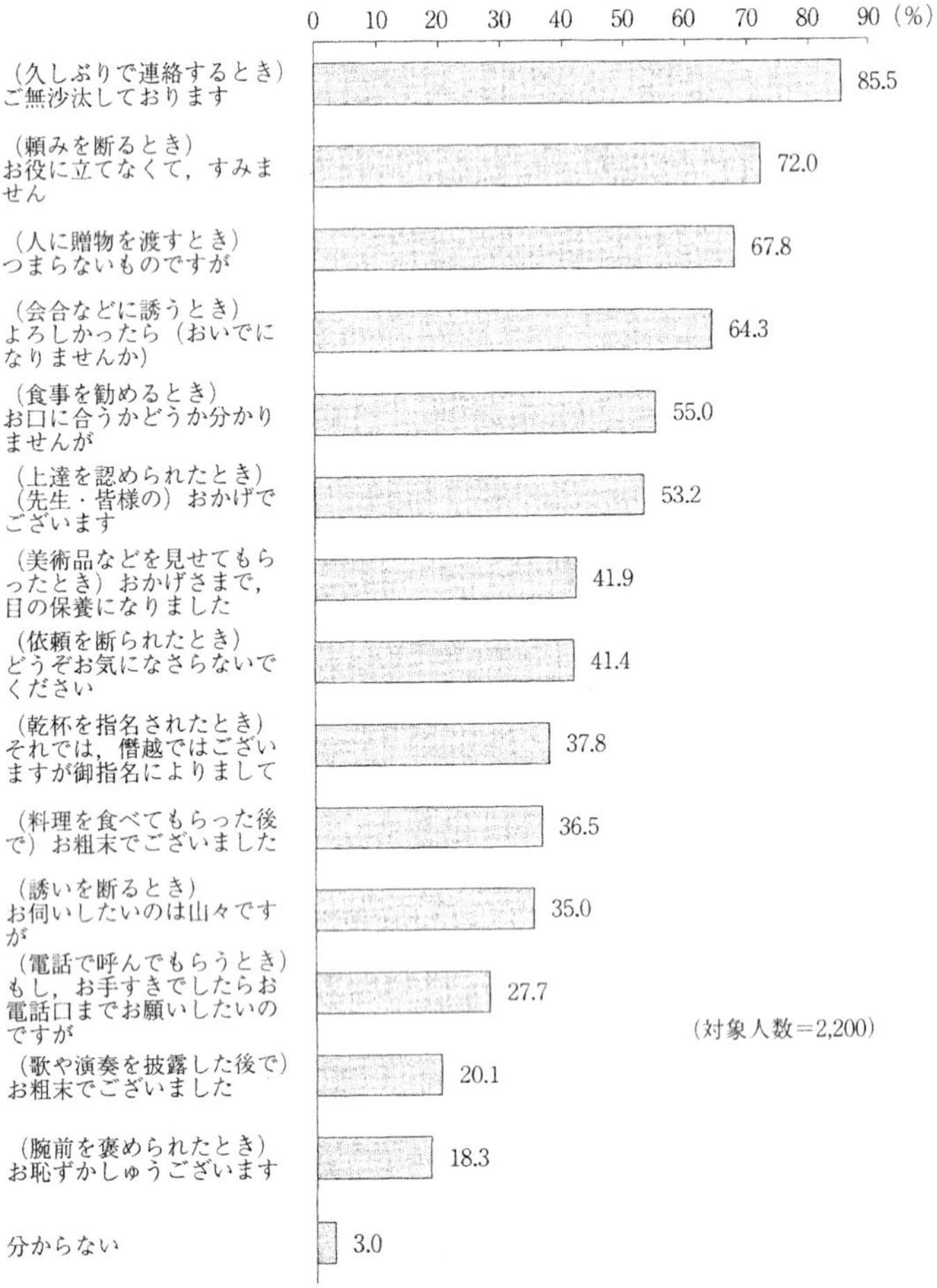

図8　気配りの決まり文句
（『平成10年度国語に関する世論調査』文化庁）

場合には、たとえば「コーヒー、いかがですか」のように勧める言い方が、従来の感覚からすると「無難」ということになります。しかし、平成九年度「国語に関する世論調査」では、上司に「コーヒーがお飲みになりたいですか」とたずねることを、上司に対して「失礼だと思う」人の割合は五二・〇％と半数を超えていますが、「失礼だとは思わない」（三八・三％）と「どちらとも言えない」（六％）をあわせると四四・三％となって、こちらも半数近くになります。また、先生に対して(2)「先生は講義がお上手ですね」と言うのは、従来は目上の人を評価するという意味で、失礼だと感じられることもある言い方だとされますが、平成十年度の同調査では、「気にならない」と答えた人が六八・一％、七割近い数字を示しているのです。

図8に平成十年度の世論調査から、「気配りの決まり文句」に関する結果を示しました。これを見ると、半数を超えているのは、全一四の表現のうち六項目（「（久しぶりで連絡する時）御無沙汰しております」八五・五％、「（頼みを断る時）お役に立てなくて、すみません」七二・〇％、「（人に贈り物を渡す時）つまらないものですが」六七・八％、「（会合などに誘う時）よろしかったら（おいでになりませんか）」六四・三％、「（食事を勧める時）お口に合うかどうかわかりませんが」五五・〇％、「（上達を認められた時）（先生・皆様の）おかげでございます」五三・二％）で、半分にも満たないことがわかります。その言語表現の使用率が全体の六割

を超えないもの（一〇項目）を、はたして「決まり文句」と呼んでよいのでしょうか。

日本の大学生と留学生の言語行動

これらの「気配りの決まり文句」は、「日本人の特質」と結び付けて語られることの多いものです。たとえば、贈り物をするとき「つまらないものですが」と言って相手の負担を軽減しようとする、手からコップが滑り落ちたときは「私がコップを割りました」と言い、借りていたカメラが故障したときは「カメラをこわしてしまいまして」と言って、自分の責任として述べようとする、など、日本人の謙虚さや責任感の強さ、あるいは、恩に着せることを避ける、といった美徳として語られることもあります（金田一春彦『ホンモノの日本語を話していますか？』）。

また、「いいえ」と言うのを嫌い「いいえ」を避けるためにあらゆる手段に訴える日本人が「時計をほめられたような場合には、それこそ喜んで「いいえ」と言う。自分の優位を否定し、よき関係を強めることになるからである」（水谷修・水谷信子『外国人の疑問に答えるノート1』）や「一般に、目上の人から褒められた時は謙遜し、友だちや家族から褒められたら肯定的に感謝で答える」（金田一秀穂『新しい日本語の予習法』）などといった記述もあります。しかし、これらが「日本人の特質」だというのは本当なのでしょうか。あるいは、それは「日本人の使う日本語」だけに見られる表現形式なのでしょうか。

これらに関して、筆者が日本人大学生と留学生を対象として行なったアンケート調査の一部を紹介したいと思います。このアンケートは、大学生二〇〇人（日本人一〇〇人、留学生一〇〇人）を対象としたもので、二十代大学生の言語意識の一端を知る手がかりとなるでしょう。表1を見ながらアンケートの項目順に、結果を分析してみます。

1・2　日本人学生、留学生ともに、目上の人からほめられたときも友だちからほめられたときも「肯定的に感謝で答える」ほうが多い。従来、日本人には「目上の人をほめることは評価につながるので、ほめない／目上の人の身につけているものには言及しない」という感覚があると言われるが、日本人大学生にはこの感覚が薄れつつあるようで、とくに女子学生は、日本人も留学生もほとんどが「先生の身につけているものをほめる」と回答している。

3　日本人学生と留学生の回答はほぼ同じで、どちらも、土産をもらった友人に再会したとき「このあいだはありがとう」と礼を言うほうが圧倒的に多いが、自分はその礼を相手に期待しないという回答も半数を超えている。

4　贈り物を渡すとき「つまらないものですが」などと謙遜して言うのは、留学生のほうがかなり多い。これは留学生が「日本語の決まり文句」として学んだ結果と思われるが、日本人大学生のほうは、三分の一が「つまらないものですが」といった否定的

（％）

日本人学生	留学生
40	32
60	68
37	45
63	55
67	67
33	33
93	96
7	4
49	39
51	61
68	80
32	20
81	94
19	6
42	41
58	59
72	82
15	13
13	5
87	82
57	85
50	69
12	16

なことばは添えないとしている。

5　頼みを断るときに「ちょっと」を使えば、遠慮がち、ためらいがちに聞こえて相手を傷つけずに断ることができ、また、聞き手の方は最後まで聞かなくても「断られた」と察する（『外国人の疑問に答えるノート1』前掲書）とされるが、留学生も、「再試はできない」という相手の気持ちをきちんと察していて、むしろ察しのよさは、日本人学生よりも高い。

6　日本人はカメラが故障したことを自分の責任として「こわしてしまいました」と言うはずのところだが、「こわしてしまった」と「こわれてしまった」の回答には、日本人学生も留学生もそれほど大きな差が見られず、どちらもほぼ同じ数値となっている。

7　目上の人にご馳走になるとき、日本人は「なんでもいいです」と答えながら「じゃ、

表1 「日本人の言語行動」に関するアンケート調査

質問・回答
1⑴先生(上司)に「いい時計だね」とほめられたとき，どう答えるか ①「そんなことないです」などと否定的に答える ②「ありがとうございます」などと肯定的にとらえて礼を述べる
⑵友だちに「いい時計ね」とほめられたとき，どう答えるか ①「これ，安物なのよ／もらいものなんだ」などと否定的に答える ②「ありがとう／すてきでしょ」などと肯定的にとらえて礼を述べる
2 目上の人(上司・先生・先輩)がおしゃれなネクタイ・スカーフをしていた ①「すてきなネクタイ／スカーフですね」などとほめる ②何も言わない
3⑴前に旅行の土産として菓子をもらった友人に会った．そのときの挨拶は？ ①「この間はどうもありがとう」「あれ，おいしかった」などと土産の礼を言う ②土産の礼は言わずに，普通に挨拶する
⑵前に旅行の土産として菓子をあげた友人に会ったとき，その友人に「この間はどうもありがとう／おいしかった」などと何か言ってほしいと思うか ①言ってほしいと思う ②土産をあげたときに礼は言われているので，何度も言う必要はない
4 友だちに贈り物をするとき何と言うか ①「つまらないものだけど／たいしたものじゃないんだけど」などと否定的な言葉を添える ②「とてもいいものなんだ／気に入ってもらえると嬉しい」などと肯定的な言葉を添える
5 テストを受けられなかったので，先生に再試をしてほしいと頼んだところ，先生は「それは，ちょっと…」と答えたその意味は？ ①再試はできない ②再試をしようかどうか迷っている
6 友だちから借りたカメラが故障してしまった．友だちに何と言うか ①カメラがこわれてしまいました／こわれちゃった ②カメラをこわしてしまいました／こわしちゃった
7 目上の人が食事をご馳走してくれる．「何がいいか」尋ねられたとき，どう答えるか ①「何でもけっこうです／おまかせします」などと言って，相手にまかせる ②「ステーキがいいです」などと，自分の食べたいものをはっきり言う ③「魚はどうも苦手で」などと，食べられないものを言う
8 次の人に対して「こんにちは」を使うか．使う場合には○をつけなさい ①先生，上司 ②学校の先輩，職場の先輩 ③友だち，同僚 ④家族

ステーキにしましょうか」と言われると、「どうも肉は苦手で」と言うことがあるとされる（『外国人の疑問に答えるノート1』前掲書）が、「相手にまかせる」と答えたのは留学生のほうが多くなっている。

8 「こんにちは」は、日本語の代表的な挨拶のようでありながらけっこう使い方がむずかしく、従来のルールでは、ウチの人（家族）や目上の人には使わないとされる。しかし、ほとんどの日本人学生が、目上である先生には使い、逆に先輩や友だちにはあまり使わない、という傾向にあるようで、「ウチの人に使わずソトの人に使う」という「ウチ・ソト」による使い分けが支配的になっているようだ。

こうしてみると、現在の日本人学生も留学生もその言語行動にはそれほど大差はなく、「日本人の特質」と結び付けられる言語表現は、むしろ「留学生の日本語」のほうに多く使われるものがあることがわかってきます。もちろん、このアンケートは大学に在籍する留学生を対象にしていますから、日本語をある程度学び（日本語学習歴二年以上）、ある程度の滞日期間（二年以上）もあることを考えれば、日本人が好むとされるこれらの言語表現を身につけた結果であることは、十分考慮されねばなりません。

しかし、現在の日本社会では、従来「日本人に典型的な表現」とされてきた、相手に配慮した待遇表現上の言語形式が、けっして「日本人の日本語」の中に顕著に現れるわけではなく、また「日本人の日本語」だけ、、に現れるわけでもないらしいことが推察されるでしょう。これまでの「日本人の日本語＝標準」「外国人の日本語＝標準からの逸脱」という固定観念は、もはや通用しないのかもしれません。

ネイティブスピーカーは正しいか

では、「日本語としての正しさ」の点ではどうなのでしょう。言語の「文法的な正しさ」における「ネイティブスピーカーの絶対的優位性」は、おそらく大半の人が信じて疑わないことでしょう。とすれば、日本語の「文法的な正しさ」においては「日本人の日本語＝標準」「外国人の日本語＝標準からの逸脱」と考えてもよいのでしょうか。ここでは、標準語を基準とした、規範的な文法から見て、ネイティブスピーカーとしての日本人の考える日本語の「正しさ」と、ノンネイティブスピーカーである外国人の考える日本語の「正しさ」を、先のアンケート調査から、比べてみようと思います。表2を見てください。「規範」の欄の○と×は、標準語を基準とした文法の規範を示すものです。

1・2・3　外国人が日本語の勉強を始めたときに、まずつまずくものとして、丁寧体（「デス・マス」体）の作り方がある。項目1・2・3を見るとわかるように、動詞、イ形容詞（形容詞）、ナ形容詞（形容動詞）を「デス・マス」体にする場合、その否定形、過去形を含めると、その形は実にバラエティーに富んでいる。日本人学生の正し

項目	規範	日本人学生(%)			留学生(%)		
		○	×	△	○	×	△
5 ①この花は好きじゃない	○	97	1	2	96	3	1
②この花は好きくない	×	6	65	29	3	93	4
③この花はきれいじゃない	○	97	1	2	95	4	1
④この花はきれいくない	×	3	86	11	4	93	3
⑤本当はちょっとちがって	○	79	10	11	88	9	3
⑥本当はちょっとちがくて	×	40	35	25	13	85	2
⑦それ，話がちがわない？	○	71	20	9	62	35	3
⑧それ，話がちがくない？	×	40	26	34	31	60	9
⑨今日はすごく暑い	○	93	4	3	92	5	3
⑩今日はすごい暑い	×	52	16	32	11	67	22
6 ①超特急	○	90	5	5	46	48	6
②超伝導	○	74	24	2	37	59	4
③超高層	○	88	8	4	77	18	5
④超高価	×	30	50	20	75	21	4
⑤超心配	×	22	35	43	60	29	11
⑥超悲しい	×	23	38	39	66	20	14
⑦超困った	×	19	43	38	49	38	13
⑧超むかつく	×	26	32	42	63	25	12

さの判定が一〇〇%一致したのは、なんと、1「①書きます」「⑤書きました」(○)の二つだけである。「間違いだと思っても日ごろ使っている」(△)を入れると、1「②書くです」(×)と2「②おもしろかったです」(○)の二つが一〇〇%となるが、あとは全員が一致したものはない。

4「ら抜きことば」については、日本人学生は、すでに「②来られる」(○＝五〇%)よりも「①来れる」(○＝六六%)を正用と考えるものが多くなっているのに対して、留学生は「①来れる」(○＝四一%)より「②来られる」(○＝七五

表2　日本語文法の「規範意識」に関するアンケート調査

日本語の言い方として正しいと思うものには○，間違いだと思うものには×をつけてください．間違いだと思っても日ごろ使っているものには，×のあとに△をつけてください

	項　　目	規範	日本人学生(%)			留学生(%)		
			○	×	△	○	×	△
1	①書きます	○	100	0	0	100	0	0
	②書くです	×	0	98	2	1	95	4
	③書かないです	×	53	29	18	66	25	9
	④書きません	○	98	2	0	95	3	2
	⑤書きました	○	100	0	0	97	1	2
	⑥書いたです	×	2	93	5	12	80	8
	⑦書かなかったです	×	50	23	27	60	29	11
	⑧書きませんでした	○	95	3	2	95	5	0
2	①おもしろいです	○	86	9	5	94	6	0
	②おもしろかったです	○	99	0	1	80	16	4
	③おもしろいでした	×	1	98	1	22	75	3
	④おもしろくないです	○	80	15	5	84	13	3
	⑤おもしろくありません	○	91	4	5	49	45	6
	⑥おもしろくなかったです	○	69	13	18	72	25	3
	⑦おもしろくありませんでした	○	86	12	2	43	50	7
3	①静かです	○	88	10	2	98	1	1
	②静かでした	○	90	3	7	86	12	2
	③静かだったです	×	14	72	14	40	47	13
	④静かじゃないです	○	53	25	22	69	19	12
	⑤静かじゃないでした	×	3	96	1	22	73	5
	⑥静かじゃありません	○	75	15	10	77	14	9
	⑦静かじゃなかったです	○	52	23	25	63	26	11
	⑧静かじゃありませんでした	○	72	17	11	60	33	7
4	①今日はだめだけれど，明日は来れる	×	66	11	23	41	46	13
	②今日はだめだけれど，明日は来られる	○	50	43	7	75	22	3
	③明日は休ませていただきます	○	82	9	9	89	11	0
	④明日は休まさせていただきます	×	46	47	7	21	77	2

％）を正用とするものの方が多い。また、「さ入れことば」は、日本人学生の方は「④休ませていただきます」を○とするものが四六％、×とするものが四七％と、かなり拮抗している。「間違いだと思っても日ごろ使っている」（△）を加えれば、「④休ませていただきます」を誤用だと「正しく」判定できた日本人学生は五四％と、かろうじて半数を超える程度であるのに対して、留学生の方は、○が二一％、×が七七％（△を加えれば七九％）となっていて、約八割が「正しく」判定している。「ら抜きことば」「さ入れことば」については、日本人学生の判断は「正しさ」の基準とは言いがたく、むしろ留学生の方が従来の規範にかなった「正しい」判断を下している。

5　「②〜好きくない」「⑥〜ちがくて」「⑧〜ちがくない？」「⑩すごい暑い」のいわゆる「若者ことば」になると、規範どおりに判定できている（×）のは、留学生の方である（「②〜好きくない」×は日本人六五％に対して留学生は九三％、「⑩すごい暑い」×は日本人一六％に対して留学生六七％）。

6　「超」の使い方については、日本人学生はほぼ規範どおりに判定しているようだが、留学生のほうは、「超特急」や「超伝導」という従来の使い方のほうを「間違い」だと感じているようだ。それほど留学生は、日本の生活の中で「超特急」よりも「超悲しい」などの言い方を耳にすることが多いと思われる。
このような結果を見ると、「文法における正しさの判定力」によって、ネイティブスピーカーとノンネイティブスピーカーの線引きをすることは、実は不可能なのではないかとも思えてきます。だれもが信じて疑わなかった「文法的な正しさにおけるネイティブスピーカーの絶対的優位性」などというものも、実際には「幻想」でしかなく、そうだとすれば、「ネイティブスピーカー＝標準」「ノンネイティブスピーカー＝逸脱」という認識も、改めなければならないのかもしれません（大平未央子『「正しさ」への問い』）。
最後に、多様性に富んだ、バラエティー豊かな、生きた「日本語」の会話例をいくつかご紹介したいと思います。

フォリナートーク

まず初めは、大阪で日本人が外国人から道を聞かれたときの会話例です。

【会話例1】（O＝大阪人〈五十代男性〉、I＝アメリカ人〈二十代男性〉、傍線引用者）

I　すみません。K大はどこですか。
O　K大はこっからまっすぐ行ってね、ええと、バスでないとあかん、ちょっと歩くとしんどいね。
I　あそうですか？
O　歩くとやね、時間長いね。

I　あそうですか。
O　歩いてね、ウォーク、ウォークでね。あのうね。
I　はい。
O　あのうバスね、乗ったほうがいいな。
I　あそうですか。
O　ええ大体ここは歩いてやったら、三〇分くらい歩かなあかんな。
I　あそうですか？
O　バスやったら、K大ゆきと。K大の漢字知ってる？　日本の字知ってる？
（中略）
O　バス停がもうちょっとあっち行ったらあるから。バス・ストップね。
I　はい。
O　もうすぐあっち行ったらね。
I　あのう、向こうにも、
O　あそそ。向こうはちょっと長いけど、こちらが、ま、歩いて三分。
（ダニエル・ロング「対外国人言語行動の実態」〈『日本語研究センター報告』1大阪樟蔭女子大学日本語研究センター〉の談話資料）

これを見ると、日本人（大阪人）が外見からはっきり外国人とわかる相手に対して話すときは、共通語を基調として、方言（「あかん／しんどい／～やね／やったら」）と英語（「ウォーク、ウォーク／バス・ストップ」）を織り交ぜながら「日本語」を使っていることがわかります。このような、外国人に対する日本語を「フォリナートーク」と呼びますが、外国人に歩み寄ろうとする「日本語」の一つの姿として興味深いものがあります。

東京人とアメリカ人の日本語

次の会話例は、筆者が行なった研究（平成十～十三年度科学研究費補助金研究基盤研究（B）（1）課題番号一〇四八〇〇四九「日本語学習者と日本語母語話者の談話能力発達過程の研究」）の中で収集した談話資料の一部で、「日本の若者についてどう思うか」というテーマで初対面の二人に話し合ってもらったものです。Tは日本人（東京人、三十代女性）、Uは日本語を二年間勉強した中級レベルの留学生で、来日して半年しかたっていません。

【会話例2】（T＝東京人〈三十代女性〉、U＝アメリカ人留学生〈二十代女性〉、（　）は筆者注、―は留学生・～は東京人の発話の注目すべき部分）

U　私は、あの、たいてい、よっつー、ごっつー（五つ）、授業取ってーますけどー。

T　あー、

U　日本人の友達、たいてい、あのー、一〇？

T　んー。
U　一〇番、てゅーの？
T　ジュ、一〇個、
U　一〇個の授業取ってますー。
T　あーー。
U　それはたいへんと思う。
T　んー。
U　あのー、イ、いろいろなー、サブジェックツ？
T　んー。
U　があるからー、
T　んー、んー、どうして五個しか〈笑い〉取らないんですか？〈笑い〉
U　〈笑い〉あの、たくさん勉強しなければ、ならない。

留学生の「ごっつー」が、相手の日本人に「いっつ」のことだと理解できたのは、その前に「よっつー」があるからでしょう。この留学生は、講義の数え方に自信がなかったようで、「一〇番」に「てゅーの？」を付けて、相手から「一〇個」という言い方を引き出しています。「サブジェックツ？」と英語に変えたのは、「科目」ということばが出てこなかったためでしょうが、それを上昇イントネーションにして相手の理解を確かめて、話を進めています（これは、「日本語はどこにいるのか」で見た最近の日本人の「半クェスチョン」と言われるものと同じ話し方です）。うまく日本人を利用しながらコミュニケーションを進展させていることがわかるでしょう。以下、同じ二人の興味深い会話を見ていくことにします。

【会話例3】

U　でもあのー、私？
T　んー。
U　あのー、日本人の女、の人ー、もっとー、あのー、あー、……らくなー？
T　んーらく、はい。
U　ら、あのー、ちょっとー、〈笑い〉違うけど、あの……あのー、しん、もっとー親切じゃないだけどー、あの知らないひっと（人）ー、あのー……もっとー、らくなー、あうことができるー？
T　んーんー。

留学生は「日本人の女の人」について何か言いたいようで、「らくなー？」と相手に問いかけますが、相手の日本人から得られたのは「んーらく、はい」という返事だけで、「らくな」では自分の言いたいことが引き出せなかったと感じたようです。そして「ちょっとー違うけどー」「親切じゃないだけどー」などとことばをさがして、「もっとー、らくなー、あうことができるー？」と、再度「らくな」を使って相手に問いかけますが、相手の理解が確認できません。そこで、留学生は、次のような方略に出ます。

U　たとえば、日本人の男、の人はー、ちょっとー静かー、私、と思っています。
T　へー。
U　あのー、たいてい私とー、あのー、外国人の友達はー、あのー、女の人ー、あの、質問聞いてー、きたりとかー、でもー、あのー、男ーの人あまりー話しません。
T　あーそうですかー。
U　はーい、それおもしろいー、
T　おもしろい〈笑い〉
U　私、思っています、で、
T　あっわかりました。

つまり、留学生は「日本人の男の人」が「静かであまり話さない」ことを持ち出し、「(自分たち外国人に気軽に話しかけてくる)日本人の女の人」と対照させることによって、自分の言いたいことを相手に伝えようとしたのです。その「思惑」どおり、日本人は「今、あなたの言いたいことがわかった」という意味の「あっ、わかりました」を発します。そして、次のように「翻訳」するのです。

T　えっと、それはじゃあ、日本のー、男のー人がー、あまりー、女性に話をしないっていうことですか？

U　あー、はい、そうです。

T　んーーー。

U　どう、どうし、てー？〈笑い〉

T　どうしてでしょう？〈笑い〉そうですねー、そうですかねー。

留学生は、「日本人の女性は自分たち外国人の女性に気軽に話しかけてくるのに、なぜ日本人の男性は話しかけてこないのか」不思議に思っていたようで、ここでやっとその理由を「どう、どうし、てー？」と、たずねることができました。さらに、この留学生は、自分の感じたことを話し続けます。

U　あの、外国人のー男ー、同じー問題が、ありますー。

T　あっ外国人のー男の人もー、日本人の女の人にあまり話をしないんですか？

U　あっ違う、日本人の男、

留学生は、相手が自分の意図したことと違う解釈をした（「外国人の男性も、日本人の女性にあまり話しかけない」）ことがわかると、「あっ違う、日本人の男」と、その異なる部分をはっきり指摘します。そして、日本人の方はその指摘に従って、次のように解釈し直します。

T　あっ日本人の男の人はー、
U　んー。
T　ん？　日本人の男の人は外国人ーの、男の人にも話をしない？
U　はい、そうです。
T　あっ、そう、あじゃあ誰にも話を〈笑い〉しないんですね、日本人の男の人は。
U　〈笑い〉もっとー静かい（静かな）人とー思っていますけどー。

こうしてノンネイティブスピーカーである留学生は、「日本人の男性は、外国人女性に対してだけでなく、外国人男性に対しても話をしない」という自分の経験から得た実感を、ネイティブスピーカーである日本人に伝え、「（日本人男性は）もっとー静かい人とー思っていますけどー」と日本人男性に対する自分の感想をつけ加えます。そして、

T　あーそう、女の人は話すんですか、日本人の女の人は。
U　はい。
T　あっそう。

U　でもーアメリカではーとてもちがいます。

T　んー、そうですよねー、普通男の人の方がー、こう、女の人にー、

U　そう男、

T　いっぱい話しかけをしたりー、しますよねー。へー、（日本人の男性は）しない、かしらー。

U　〈笑い〉はーい、そうです。

というように、二人の会話は「アメリカではふつう男性のほうが女性に話しかけるものだが、日本の男性はあまり女性に話しかけてこない」という興味深い「日米男性比較論」へと帰結して、十分に中身のあるコミュニケーションが成就されるのです。

これらの会話例からは、ノンネイティブスピーカーが、ときには母語を交え、何度も言い直し、ネイティブスピーカーをうまく利用して、相手の理解を確認しながら、自分の言いたいことをきちんと伝えていく様子が見て取れます。このコミュニケーションが達成された背後には、ネイティブスピーカーに、相手の言いたいことを理解しようという気持ちに支えられた気長な努力があったことは、言うまでもありません。お互いを理解しよう、理解したい、という強い気持ちが、このコミュニケーションを成就させた第一の要因だと言えます。それが、最後の、ネイティブスピーカーの「へー、（日本人の男性は話しかけた

り）しない、かしらー」という発話の示す「外国人から指摘されて初めて気がついた」という感動に近い驚きに、そして、ノンネイティブスピーカーの、うれしそうな笑いを伴った「はーい、そうです」という発話の示す達成感と満足感に、昇華していったのではないでしょうか。

在日コリアン一世の日本語

社会言語学者渋谷勝己は、論文「教室での習得と自然な習得」（『日本語学習者の文法習得』）の中で、在日コリアン一世の日本語とパラオの日本語の実態を示し、その独自性について分析しています。最後に、その在日コリアンとパラオ共和国の老年層の使う「日本語」、及びその分析を紹介して、この節を閉じようと思います。

次の【会話例4】は、現在大阪市東成区に在住する在日コリアン一世の話す「日本語」です。

【会話例4】（一九九七年、金美善氏収録。I＝在日コリアン三世のインタビュアー、K＝一九一四年生、女性、一九三四年来日、済州島出身、（　）は聞き取り不明な箇所、［　］は渋谷勝己の注記。傍線引用者）

K　うちのとこのだんなさんほんまにえー人やったよ、もう、もうすげな。ものすごい、あの、うちな、ろ、六〇年、ちょうど五〇年、住んでから、わかれでん、てん

くいか、天国へ行ってしもッジマナン［ったけど］。（こうがった）こんなんし［頭をなぐること?］、一回もしたこと、

I　あー、ない。

K　頭こんなしたことない、全然。

I　んー。

K　口答えが、うちがな、それだ、気性わかってるから、口答え全然せーへんね。せーへんからな、いっこも、たたいたことない。

I　んー。

K　子供もな、あ、したらな、パチンたたくやろ、ゆうこと聞けへん（か）ったら。全然手出せへんかった。

I　んー。

K　えー人やった。ほんまに、はっきりゆうて。

このような在日コリアンの日本語には、韓国語の文法要素が混ざったり（「行ってしもッジマナン」の「ジマン」は韓国語の「～たけれども」の意味）、間投助詞の「な」、否定辞の「（せー）へん」、「～やろ（だろ）」「えー人やった（いい人だった）」「ほんまに（ほんとうに）」「ゆうて（「言って」のウ音便形）」などの大阪方言が豊富に混ざったりする、といっ

た特徴が見られます。学校教育ではなく、地域社会の中で身につけた「日本語」には、方言が色濃く反映されることがわかるでしょう。

パラオの老年層の日本語

【会話例5】は、「かつて日本の統治下において、三年間ないし五年間、パラオの人だけが通った公学校において日本語教育を受け、またその後も日本人のあいだで働くなどして身につけた、パラオ共和国の現在の老年層が話す日本語」です。

【会話例5】（一九九四～九五年収録。P＝一九二九年生、男性、I＝日本人インタビュアー）

I　八年間で日本語は話せるようになるんですか。

P　あのねー、自慢じゃないですけどねー、二年でも話してますよ。一年に入って、一年であのー日本語しゃっべったり、島語しゃべったり。二年なるとねー、全然話しないいん、島語。島語というとね、あの帳面つけられる、何回使ったって。で賞罰すると〈笑い〉。だから、二年に入ると、もう全然、あのーうちへ帰ってきても、島語は使えない。だから二年ーでもう、日本語はもうだい（丈夫）。三年、三年だったらもう大丈夫。もうベラベラしゃべる。

【会話例4】の在日コリアンとほぼ同時期に日本語が学ばれていながら、このパラオの

「日本語」にはまったく方言が使われていません。話の内容からもわかるように、植民地下の学校の中で徹底して教育されたのは「標準語」であったことも、この会話は示しています。また、パラオは、終戦後五〇年以上にわたって日本語が使われない状況にあったわけですが、この会話では、複文が使えたり、相手に対する配慮表現（「あのねー」や丁寧体の「です・ます」）が混ざっていたり、「自慢じゃないですけどねー」のような主観表現が加わっていたりして、かなり高いレベルの日本語だと言えます。渋谷勝己は、「ある一定レベル以上に習得が達成されれば、その後しばらくそのことばが使われなくとも劣化しない」と言われることを「このデータは支持している」と言います（前掲論文）。

現在、海外で日本語を学習する人は二一〇万人（国際交流基金一九九八年調査）を超えると言われています。時を超え、国を超え、日本人の手を離れて、多様な姿となった「新たな日本語」が、あちこちで生まれているのです。それは、「美しく格調高い日本語」（と考えられているもの）とは次元の異なる「新しい日本語」なのかもしれません。しかし、それは、「単一民族、単一言語」という呪縛にとらわれて「美しい伝統的な日本語」（と考えられているもの）に固執していたのでは、とうてい見えない「豊かさ」をたたえたものでもあります。

おそらく日本語は、その誕生時から現在と変わらぬ、あるいはそれ以上の多様性を包含したものであったはずなのです。私たちは、その多様な「日本語」の、一つでも多くの存在に気付き、耳を傾け、その「豊かさ」を自分のうちに取り込む努力をすべきなのでしょう。そうすれば、実は、私たち一人ひとりの中にこそ、その多様性が存在する、ということを認められるのではないでしょうか。

日本語の可能性を開く

「サバルタン」は語ることができるか

より豊かな日本語とは

私たちはこれまで、「日本語」と単数形で語られる言語が、きわめて多様な姿をし、また歴史的にも多くの変容を重ねてきた様子を見てきました。単数形で語られる日本語とは、実は、単数態なのではなく、それらの多様性と変容すべてがそこに混在して含まれるきわめて幅広いものなのです。それは、文法、語彙、音韻、話体、文体など、すべての面にわたって言えます。今、私たちが考えるべきは、今後日本語がより豊かな言語となる可能性とは何か、つまり日本語のより豊かな可能性についてでしょう。そしてその可能性は、日本語の中にいかに幅広い多数多様性を見出していくかという点にかかっているのではないでしょうか。そのような視点から、本書の最後に、日本語の新たな可能性をさし示すようないくつかの事例を見ることにしましょう。まず最初は、私たちがよく知っている宮沢賢治です。

聞き取れる声、書き表せることば

「心象スケッチ」と題され、賢治の生前に刊行された唯一の「詩集」である『春と修羅』の中に、三篇の詩篇があります。いずれも、一九二二年十一月二十七日の日付のついた「永訣の朝」「松の針」「無声慟哭《どうこく》」の三篇です。最愛の妹とし子の早すぎた死を悼んだこれらの「詩」は、賢治の痛切なまでの悲嘆が人の心を打つ、あまりに有名な作品なのですが、そこで目にとまるのは、妹とし子の今わの際の「肉声」が、（　）《　》書きで、その詩の中に何度も何度も挿入されていることです。

きょうのうちに
とおくへいってしまうわたくしのいもうとよ
みぞれがふっておもてはへんにあかるいのだ
（あめゆじゅとてちてけんじゃ）
（「永訣の朝」『宮沢賢治詩集』角川文庫）

「意図的」にひらがな書きされた「永訣の朝」冒頭の三行は、その「死を語る粛然とした叙法の断定性」と「しらしらとした不吉さ、明晰さ、抑制のきいたモノトーン」（天沢退二郎『《宮沢賢治》注』）によって、私たちを、即座に、とし子の臨終の床の世界へと、しかも、心象的で幻想的な世界へと引きずりこみます。そしてそこにさしはさまれたとし子の声、「あめゆじゅとてちてけんじゃ」。「あめゆきとってきてください」（原注）というその声は、臨終の床の沈鬱《ちんうつ》を、一瞬破るものです。

うすあかくいっそう陰惨《いんざん》な雲から
みぞれはびちょびちょふってくる
（あめゆじゅとてちてけんじゃ）
青い蓴菜《じゅんさい》のもようのついた
これらふたつのかけた陶椀《とうわん》に
おまえがたべるあめゆきをとろうとして
わたくしはまがったてっぽうだまのように
このくらいみぞれのなかに飛びだした
（あめゆじゅとてちてけんじゃ）
（同書）

今わの際でとし子が最後に兄に依頼した「あめゆき」は、「うすあかくいっそう陰惨な雲」や「びちょびちょふってくる」みぞれの暗さと鮮やかな対比をなし、そこに一瞬の光が差し込んだような印象を生み出します。詩は、そのとし子の声によって、次のように展開します。

ああとし子
死ぬといういまごろになって
わたくしをいっしょうあかるくするために
こんなさっぱりした雪のひとわんを
おまえはわたくしにたのんだのだ
ありがとうわたくしのけなげないもうとよ
わたくしもまっすぐにすすんでいくから
（あめゆじゅとてちてけんじゃ）
（同書）

「ありがとうわたくしのけなげないもうとよ、わたくしもまっすぐにすすんでいくから」。今わの際のとし子の声「あめゆじゅとてちてけんじゃ」は、このように、沈鬱と絶望の賢治にとって、一瞬の救いと未来への希求の表現でもあったのでしょう。同じことは、「永訣の朝」の中の、もう一つのとし子の声にも言えます。

あんなおそろしいみだれたそらから
このうつくしい雪がきたのだ
（うまれでくるたて

こんどはこたにわりゃのごとばがりで
くるしまなぁよにうまれでくる）
おまえがたべるこのふたわんのゆきに
わたくしはいまこころからいのる
どうかこれが兜卒《とそつ》の天の食に変って
やがてはおまえとみんなとに
聖《きよ》い資糧をもたらすことを
わたくしのすべてのさいわいをかけてねがう

（同書）

「うまれでくるたて、こんどはこたにわりゃのごとばがりで、くるしまなぁよにうまれでくる」。「またひとにうまれてくるときは、こんなにじぶんのことばかりで、くるしまないようにうまれてきます」（原注）というとし子の声は、その凜とした思想を表現する声であり、賢治にとっては、かつての元気だったころのとし子の声と同じく、まさに確かに聞き取れ、書き表せるものであったに違いありません。「永訣の朝」は、その声とともに、「おまえとみんなとに聖い資糧をもたらすこと」を心から祈り願って閉じられます。

しかしながら、その心からの祈りや願いの中に、同時に、取り戻すことのできない痛切な悔恨が忍び寄るのも、もう一つの冷厳な事実なのです。「松の針」は、その取り戻すことのできない痛切な悔恨を次のように表現しています。

　　さっきのみぞれをとってきた
　　あのきれいな松のえだだよ
　おお　おまえはまるでとびつくように
　そのみどりの葉にあつい頰をあてる
　　　　　　（略）
　そんなにまでもおまえは林へ行きたかったのだ
　おまえがあんなにねつに燃され
　あせやいたみでもだえているとき
　わたくしは日のてるところでたのしくはたらいたり
　ほかのひとのことをかんがえながらぶらぶら森をあるいていた
　　《ああいい　さっぱりした
　　　まるで林のながさ来たよだ》
　　鳥のように栗鼠《りす》のように
　　おまえは林をしたっていた
　　　　　　　　　　　　　　　（「松の針」『宮沢賢治詩集』角川文庫）

いかに最愛の妹であっても、その痛みや苦しみは、結局は自分のものではなかった、その痛みや苦しみの当の最中、「わたくしは日のてるところでたのしくはたらいたり、ほかのひとのことをかんがえながらぶらぶら森をあるいていた」のだ……詩の表現するこの悲痛は、生き、そして死を迎える、人の普遍的で根源的な悲痛でもありましょう。「ああいい　さっぱりした、まるで林のながさ来たよだ」……「あめゆき」のついていた松の葉を頬にすりあてて発せられたとし子の声は、それゆえ賢治には、悔恨と悲痛ににじんでしか聞き取れなかったに違いありません。

聞き取れない声、書き表せないことば

「あめゆき」を兄に頼み、「松の葉」を頬にあてて一瞬生の光の輝きを見せたとし子は、しかし、しだいに死のふちへと引きずりこまれていきます。そしてその声は、しだいに、生を表すものから、死を表すものへと変容していきます。「無声慟哭」はそれを次のように書き表しています。

信仰を一つにするたったひとりのみちづれのわたくしが
あかるくつめたい精進《しょうじん》のみちからかなしくつかれていて
毒草や蛍光菌のくらい野原をただようとき
おまえはひとりどこへ行こうとするのだ
　（おら　おかなぃ　ふうしてらべ）
何というあきらめたような悲痛なわらいようをしながら

またわたくしのどんなちいさな表情も
けっして見遁《みのが》さないようにしながら
おまへはけなげに母に訊《き》くのだ

（「無声慟哭」『宮沢賢治詩集』角川文庫）

「おらおかないふうしてらべ」「あたしこわいふうをしてるでしょう」（原注）。髪は黒く、頬はこどもの苹果《りんご》の頬のようでありながら、しかし自分の姿を「おかないふう」なのでは、とたずねるとし子のこの声は、聞く者にとっては、もはや耳をふさいでしか聞けないような、絶望的な、いわば死の声であったでしょう。そしてその絶望はさらに深まっていきます。

どうかきれいな頬をして
あたらしく天にうまれてくれ
《それでもからだくさえがべ？》
《うんにゃ　いっこう》
ほんとうにそんなことはない
かえってここはなつののはらの
ちいさな白い花の匂でいっぱいだから
ただわたくしはそれをいま言えないのだ

（わたくしは修羅をあるいているのだから）
（同書）

「それでもからだくさぇがべ？」。「それでもわるいにおいでしょう」（原注）と、とし子は自らの死臭を気にします。死の匂いのいっそう深まったこの声は、《　》書きされて表現され、それは賢治の心を二つに引き裂いて、「無声慟哭」は終結を迎えます。

とし子の声とことばは、もちろん慣れ親しんだ花巻方言の音韻と語彙で発せられているのであり、もしそれが、普通の場面で発せられた普通のことばであったら、なんということもない日常語として聞き取られ、書き表されていたことでしょう。しかし今それは、まさに死のふちへといこうとする者のことば、いわば死のことばとして発せられているのです。三篇の詩は、それを（　）書き、あるいは《　》書きし、しかも、ひらがな表記することによって表現しようとしてきました。「あめゆじゅとてちてけんじゃ」も「うまれでくるたてこんどはこたにわりゃのごとばがりでくるしまなぁよにうまれでくる」も、「おらおかないふうしてらべ」も、そして今の「それでもからだくさぇがべ？」も、それらの声とことばは、賢治の独白や地の文が標準語や漢字かな混じり文で書かれているのに対し、すべて、花巻方言のひらがな表記で書かれています。その対比によって、それらは、生ある者のことばに対する死にゆく者のことばというコントラストの中に、強烈に浮かび上がってきたわけです。

しかし私たちは、最後に、とし子の声とことばの最も異形《いぎょう》な表記に出会うことになります。それは次のように書かれています。

わたしたちがいっしょにそだってきたあいだ
みなれたちゃわんのこの藍《あい》のもようにも
もうきょうおまえはわかれてしまう
（Ora Ora de shitori egumo）
ほんとうにきょうおまえはわかれてしまう
あああのとざされた病室の
くらいびょうぶやかやのなかに
やさしくあおじろく燃えている
わたくしのけなげないもうとよ

（「永訣の朝」『宮沢賢治詩集』角川文庫）

（Ora Ora de shitori egumo）、「あたしはあたしでひとりいきます」（原注）という意味のこの表記は何を意味するのでしょう。今まで見てきたように、とし子の声とことばは括弧《かっこ》書きでひらがな表記されてきました。それらは日常の生のことばとは異なる、いわば死のことばでした。しかしそうだとは言え、なおそれらは、日本語標準語のいわゆる五〇音の音節とひらがなによって（かろうじてでも）表記され「得た」のです。しかし、もはや、最後のこの声とことばは違います。それはもはや、日本語標準語のいわゆる五〇音の音節とひらがなによっては、表記され「得ない」のです。おそらく賢治は、必死になって、とし子のこの、本当に死への旅立ちを意味する最後の声とことばの表記を探し求めたのでしょう。標準語や漢字かな混じり表記は、もちろんそれに当てはまりません。さらに言えば、日常の花巻方言とそのひらがな表記でも、それは表現できなかったのです。そして本当は、詩に採用されたアルファベットのローマ字表記であっても、とし子の最後の肉声とその音韻は表記できないのかもしれません。つまり（Ora Ora de shitori egumo）は、そのような、表記の限界にある、表記の可能性のはてにある声やことばであり、言い換えれば、聞き取れない声、書き表せないことばなのです。

同様の内容は、小森陽一『日本語の近代』の中で、次のように表現されています。

発話主体の危機と詩的言語

（Ora）という一人称は、この世界に生き残るあらゆる人々と「永訣」し、死の世界を（Shitori egumo）とする主体を表象している。それは死者の声なのだ。その声を、「漢字かな混じり文」の文字体系で、書き写すことは断じてできない。微妙な子音の発音の「標準語」とのずれをあらわすには、子音と母音とが別れたローマ字の文字体系を使用するしかない。そのように生前の「とし子」の声をできるだけ忠実に再現しようとする試みとしてのローマ字表記が、逆に、「標準語」でも「花巻語」でもない死者の声を、同じ詩のすべての文字との対立の中できわだたせてしまったのである。（中略）

ここまで辿ってみると、むしろこの詩の他の部分が「標準語」で書かれていることに愕然とせざるをえない。なぜなら、妹が生きていたとき、兄は決して「標準語」で語りかけることなどなかったはずなのだから。妹との間で共有されていた、親密語としての「花巻語」での呼びかけを奪われてしまったところに、「永訣の朝」の発話主体の危機が内在している。

（小森陽一『日本語の近代』）

この「発話主体の危機」は、まさに危機であるが故にこそ、逆に、賢治に新しい日本語の可能性を開かせたのではないでしょうか。私たちは、日本語話者として、日ごろなんの疑いもなく、日本語とその表記の体系で自分の声やことばを表現しています。そこにはなんの違和感もなく、逆に、自分の声やことばと日本語表記がぴったりしているという自信のようなものが存在しているのでしょう。それが「標準語」とその表記の体系であればなおのこと、その自信は強まります。しかし、それが本当に声やことばを表現するものなのかどうか、疑いが生じるときがあるはずです。そしてそのときこそ、実は、ステレオタイプではない自前の表現や表記を求めようという強い思いが沸いてくるときに違いありません。そのとき、言語は、詩的言語となり得るのです。

それは、固定化され正統化された表記では表現されないような声、いわば陽の当たる領域から影の世界に追いやられたことばを表現しようとすることです。しかしそれは、究極のところでは果たせないかもしれません。既定の音韻や意味のシステムに入らない声やことばは、結局は、聞き取れない声であり、書き表せないことばでしかないのですから。それらは通常は、（無意識の中に追いやられたという意味で）抑圧された声であり、影に追いやられ、忘却されたことばなのでしょう。しかし人には、そのような声やことばをこそなんとか表現しようとする思いがあります。それをなんとか自前の表現や表記で表そうとしたとき、そこに新しい表記や表現が存在するようになる、そしてそのとき、言語は、詩的言語となり得るのです。

今の賢治の場合では、それは「花巻語」で語られた「死者の声」でした。そして賢治のその必死の試みの中で、「日常語としての「花巻語」を括《くく》って、詩的言語としての「標準語」の中に引用することによって、生と死の世界の境界の超え難さ、「永訣」させられてしまった兄と妹の決定的別離が、みごとに表現され」、「そしてそのとき、詩的言語ではない「花巻語」が、ローマ字綴《つづ》りの異形《いぎょう》のまま、最も強度の高い詩的言語に生まれかわっている」（小森陽一、同書）のです。

大切なのは、抑圧されたものの声、影に追いやられ、忘却されたもののことばに、常に思いをいたすことなのでしょう。そしてなんらかの仕方でそれらを表記や表現の明るみにもたらす試みを、あきらめないことなのでしょう。ジャック・デリダ（固定した同一性の脱構築を唱えた、現代思想を代表する思想家。一九三〇～二〇〇四）の主著『グラマトロジーについて』の英訳者であるインド出身の女性ガヤトリ・スピヴァクは、『サバルタンは語ることができるか』という著書の中で、同じような主張をしました。「サバルタン」とは、広い意味で言えば、影に追いやられ、忘却され、（無意識へと）抑圧されたもののことです。それはスピヴァクにとっては、とりわけ、カースト差別の中で抑圧された人々、歴史の影に追いやられ忘却された人々を意味しました。そのような「サバルタンは語ることができるか」。

「サバルタン」は語ることができるか

その問いに対して、同書の最後で、「サバルタン」は語ることができない、という結論が出されます。語ろうとすれば、しょせん、既定の語彙や意味、既定の言語や表象の体系に従ってしか語れないのだし、しかもそのような言語を操れるのは、結局は、ある種支配的な立場にいる者たちでしかないからです。この結論は、出口のない結論のように見えました。しかし、その結論の直前に、次のような重要なことばがあるのです。「私たちのなかの他者の声である内なる声につぶやかせること」……と。

「私たちのなかの他者の声」、賢治にとってそれは、標準語で詩作した自分の中に潜んだ異質な他者の声であったはずです。三篇の詩篇の例で言えば、たとえばそれは、花巻語の自分の声、花巻語で語るとし子の声、そして、その花巻語でも書き表せないとし子の死の声でした。それらは日本語の中に潜んだ他者の声なのでしょう。賢治の例に限らず、単数形の日本語の中には、どこにでも、そのような他者の声のつぶやきが満ちているはずなのです。

賢治の詩を読んでわかるのは、まさにこのことです。つまり、通常の支配的言語の中には、抑圧され、影に追いやられ、忘却された声やことば、「私たちのなかの他者の声である内なる声」が存在することです。それらに常に目を向け、その声を表現する試みをあきらめないことが大切なのでしょう。それこそが、言語、そして日本語の可能性を広げるからです。そのためには、常に他者の声に耳を傾け受容する心の広さを必要とします。大切なのは、自分のメジャーなアイデンティティや支配的言語を声高に高唱することではなく、逆に、自分の中に、他者の声を受容するひそやかで多重な心の「ひだ」を持つことでしょう。賢治の詩はそのようなことを教えてくれます。

日本語は日本人のものか

「母語」日本語と「母国語」日本語

私たちは、通常、母語と母国語が一つの同じものとしてあることに慣れ親しみ、両者のあいだに自然の一体性を感じています。日常的に使用する言語としての母語と、自国の国語としての母「国」語とが同じであることに、当たり前の感覚を抱いている場合が多いのです。そこでは、母語としての日本語は、同時に、母国（日本国）語でもあるわけです。しかしながら他方で、その一体性を最初から引き裂かれ、まったく喪失させられていることばも、もちろん存在します。一つの（国民）国家の中に多数の民族や言語が競合する場合もそうです。しかし、ある国家や民族が、別のある民族や言語を自らに同化しようとしたり、ある場合には抹殺しようとしたりした場合、そして彼らの本来の母語に代えて自らの支配的な国語を強制した場合には、母語と母国語との一体性は完全に破綻《はたん》しさるでしょう。そのとき、そのことばは、先鋭で過酷な分裂や葛藤へと立ちいたらざるを得ません。

もちろん、これは、日本の近代史の中での厳然とした事実です。とくに朝鮮に対する植民地支配においては、（韓国出身の研究者によれば）「日本がおこなったのは言語「政策」ではなく、政策以前のたんなる言語「暴力」であったというほうが真相に近いかもしれない」（イ・ヨンスク『国語という思想』）と形容されるほどの事態が起きました。その結果として、現在の日本語は、その分裂や葛藤を宿命として背負い込んだ言語として存在せざるを得ない、というのが厳然とした事実なのです。なんらかの形で母語朝鮮語（韓国語）を失い、それに代えて日本語を国語としなければならず、あるいは日本語を使うことを余儀なくされ、しかし、とうてい日本語を母国語とはなし得ない多くの人々が存在し、それらの人々が語る日本語が存在しているからです。日本語はだれのものかを考え、日本語のより豊かな可能性を考えるためには、この問題を私たちは避けるわけにはいきません。

なぜ日本語で書き続けるのか

もともとことばは人間にとって即自的なものとしてあるものであり、それでわれわれはけっこう幸福なのだ。文学がことばを対象化しようと機能するのも、ことばが即自的で無意識なものとしてあるからだろう。ことばは空気のように享有されるべきであって、その限りでは抵抗のないものだ。その状態を私は皮肉ではなしに幸福といいたいのである。自然的な状態から抜けだしたことばが、対自的なものとして自分に刃を向けはじめるとそこに苦しみがはじまる。その意味でやや逆説的にいえば、ものを書くことは不幸のはじまりになるだろう。在日朝鮮人作家のようにことばから疎外されて、はじめから深い裂け目の上に軀を横たえているようなものにとっては、それを意識する限り、不幸を二重に背負いこむことになる。

（金石範《キムソクボム》「私にとってのことば」『「在日」の思想』）

前記の文章は、南北朝鮮の分断支配に抗議して蜂起した済州島島民と彼らに対する苛烈なまでの弾圧を描いた畢生《ひっせい》の大作『火山島』の作者である、在日朝鮮人作家金石範の文章です。彼は「私にとってのことば」という論文で、「自分はなぜ日本語で書き続けるのか」という問いを追究しています。その、前記の文章は、自分のことばの即自性に疑いを持ったとき、その苦しみの中に文学の可能性が生まれる、というような一般的な文学論としても読み得ます。しかしこの場合は、何はさておいても、自らが使うことば（日本語）自体が、自らに刃を向けざるを得ないという、在日朝鮮人として背負った矛盾と痛みを痛切に表すものでしょう。そして、自らのことばが、「空気のように享有」する幸せから疎外されて、そもそも「深い裂け目の上に」しか存在し得ないというその矛盾と痛みは、「国土とともに国語を奪われた」人々にとっては、共通に、身に迫るものなのかもしれません。

なぜなら、それらの人々にとっては、自らが使っている日本語は、かつて「国土とともに国語を奪われた朝鮮の幼児のやわらかい脳髄を強姦したといってもよい」（同書）当のものだからです。私たちもよく知っているように、日本語は、多くの差別的な民族蔑視の語彙を持っています。そしてそれらは現在でもなお、日本語の中に残っています。現にそれらのことばが心無く投げつけられることもあります。しかも「その日本語の暴力性に対する、在日朝鮮人の（母国語を知らぬ故に）日本語でしか抗しえぬという相乗的な関係が、ことばの抑圧的な構造となって、ふたたび彼らの上にのしかかって」（同書）きます。「在日朝鮮人にとってことばは空気のようにはじめから祝福されながら与えられたものではなかった」（同書）こと、さらにそのような「暴力性」を持った言語を、自らのことばとして使い続けなければならないことが、「在日朝鮮人作家の心に倫理的な屈辱感をおしつける」（同書）と金石範は言います。しかし、彼はなぜ、あえてそのような日本語を使い、日本語で語り続けるのでしょう。

日本語でない日本語

彼は次のように回答します。

それは日本語によって、その日本語のもつ呪縛力を切りはなし、自己解放をとげようとするきわめて矛盾したやり方である。つまりそれは、うまくいけば日本語を逆手にとるという逆説的な関係が成立することを意味するものだ。ところで日本語で思考する限り、その朝鮮人の意識はそのことばで規定されているわけだが、この場合その日本語自体に内在する普遍的な作用によって、日本語のメカニズム（民族性）から脱することができるということになる。民族語（あるいは国語）としてのことばには、その個別的な民族性に対して超越的であるところの普遍性が内在しているのであり、それが民族語としての自らの枠組みを越えうると考えられるのだ。（中略）私はこのことばの両側面を踏まえて、そして日本語によって日本語の吐く呪縛の糸を解こうとしているわけである。いわば自由への活路を、ことばに拠りながらなおことばを越える世界であるところの虚構のなかに切りひらこうとしているわけなのだ。（中略）つまり日本語が日本語に対して超越的になって、ことば自身がひらかれることを意味する。それはまたそのひらかれた世界が、日本語でない他のことばによってひらかれた世界につながるということだ。（同書）

要約すれば、……およそどの言語もそうなのだが、日本語には、もちろん、民族語（国語）としての特殊性や「民族的な個別性」が染み付いている。しかしそれと同時に、日本語には、およそ言語が言語として存在し得るための必須の条件とでも言うべき、言語の「普遍性」もまた内在している。そしてそうであるが故に、日本語は、その、時として閉ざされがちな「民族語としての自らの枠組み」を「超え」て、普遍的なコミュニケーションと（フィクション）創造の世界へと開かれていくことができる、その言語の「両側面を踏まえ」てことばを語ることが、民族語としての日本語の「呪縛の糸」を解くことでもあるのだ……というのでしょう。

この提起は、日本語を母語と同時に母国語としている私たち日本人にとってもきわめて大切であるように思われます。往々にして私たちは、日本語を理解し話すことは、日本や日本国家、あるいは日本の民族性を肌身で知り尽くし、慣れ親しんでいることと同じであ る、そうでなければ、十全には日本語そのものを理解したり語ったりできない、と考えがちです。しかしけっしてそうではないことは明瞭でしょう。以上見てきたように、現在、きわめて多くの「非」日本人が日本語を使い、語り、そこに新たな日本語が生み出されている、という事態が存在しているからです。日本語には、その民族的言語としての性質と同時に、言語としての普遍的本質があります。それが日本語を、広いコミュニケーションと創造の世界へと開いていくはずなのです。日本語はけっして「日本」と同値なのではない、日本語は単に「日本」語であるだけなのではない、逆説的な表現で言えば、「日本語でない日本語」が日本語に内在している、ということなのです。

現在日本には、自らの故郷や国を離れることを余儀なくされ、そしてその結果として日本に生活し、日本語を使用し、日本語を語る多くの人々が存在しています。そのように故郷を失って離散することを「ディアスポラ」と言います。近代国民国家形成以降、とくに二十世紀は国家間の戦争と民族対立の時代だったのであり、そこに多くの故郷離散者が生み出されました。日本も例外ではありません。そのような「ディアスポラ」の人々が使い、語る日本語が存在します。そしてそれは、日本語の新たな可能性を生み出す日本語であるかもしれないのです。そのことばの「深い裂け目」にこそ、日本語でない日本語、普遍語としての日本語の可能性が、もっとも痛切な形で立ち現れざるを得ないからです。

「愛しのクレメンタイン」

金石範と同じく故郷を失った在日朝鮮人の立場で、心抉《えぐ》るような鋭利で硬質な「抒情」に富む数々の日本語詩の傑作（『新潟』『光州詩片』『化石の夏』など）を生み出してきた詩人に、金時鐘《キムシジョン》がいます。「母語」朝鮮語を奪われ、「国語」日本語に慣れ親しんで育った結果、母語と母国語とのあいだの完全な乖離《かいり》ということばの「深い裂け目」に突き落とされた経験を、彼は次のように語ります。

すべてが侵されることでねじれていった愛であった。朝鮮で朝鮮をうとましくさせた教育によって個々人の人格は否応もなく失われていき、親子の間にあってさえ、親子が親子でない関係をつくりだした最たるものに、かつての日本がしでかした「朝鮮語廃止」があった。そこに教師がおり、私がいた。彼らには教えることが真実であり、私には学ぶことが真実であった。良い子の私は励んだ。教えられるままに家にまで「国語常用」を持ち込んで、〝国語〟を知らない母を困らせた。めし、みず、といったたぐいの単語だけを押しつけるのだが、それでも母はおおよそのところを淋しい笑みで間に合わせてくれていた。

（中略）

かようにも完成をみていた皇国臣民の私が、朝鮮人に立ち返るきっかけを持ったのはたったひと節の歌からであった。

ネサランア　ネサランア（おお愛よ、愛よ）
ナエサラン　クレメンタイン（わがいとしのクレメンタインよ）
ヌルグンエビ　ホンジャトゴ（老いた父ひとりにして）
ヨンヨン　アジョ　カッヌニャ（おまえは本当に去ったのか）

父のいない突堤で、ひとりでに口を衝《つ》いて出たのが、この歌だった。八月は終りかけていたが、熱気はどこかで夜が更けてもどよめいていた。徐々に記憶が蘇り、とめどもなくこみ上げてくる涙をしゃくり上げながら、私は繰り返し繰り返しこの歌を唄った。

広い海辺に苫屋《とまや》ひとつ、
漁師の父と年端もいかぬ娘がいた。
おお愛よ、愛よ、わがいとしのクレメンタインよ、
老いた父ひとりにしておまえは本当に去ったのか。

それは風の強い朝のことだった。

母を捜すのだといって渚へでたが、
おまえはとうとう帰ってはこない。
おお愛よ、愛よ、わがいとしのクレメンタインよ、
老いた父ひとりにしておまえは本当に去ったのか。

とっくに忘れてしまったはずの歌だったが、歌詞はなくなることもなく心の内に残っていた。釣り糸を垂れる父の膝で、小さいときから父とともに唄って覚えた朝鮮の歌だった。父も母も、つかえた言葉で、振る舞いで、歌に託した心の声で、私に残す生理の言葉を与えてくれていたのだ。ようやく分かりだした父の悲しみが、溢れるように私を洗っていった。（中略）

おお愛よ、いとしのクレメンタインよ！

誰が唄いだして私にまできた歌なのか。どうあろうとこれは私の〝朝鮮〟の歌だ。父が私にくれた歌であり、私が父に返す祈りの歌なのだ。私の歌。私の言葉。この抱え切れない愛憎のリフレイン――。

（金時鐘「クレメンタインの歌」『「在日」のはざまで』）

たぶんこの文章は、だれが読んでも心打たれるものであり、かつその日本語は、完璧な

までに完成された日本語でしょう。しかし、実はこれらのことばは、語り手にとっては、「私を培ってきた私の日本語への、私の報復」(金時鐘「私の出会った人々」『「在日」のはざまで』)として語られているのです。そこに込められた、「抱え切れない愛憎のリフレイン」。その愛憎の葛藤と「深い裂け目」にこそ、日本語の新たな可能性が存在する、と言うのは、はたして言い過ぎでしょうか。

日本語の勝利

いよいよ本書を閉じるときが来ました。本書の一貫したテーマは、日本語のより豊かな可能性を探ることにありました。そしてそのために「日本語はだれのものか」という問いを立てたのでした。その問いに答えを出すときがきたようです。次の文章を見てみましょう。

そういう歴史(「在日」朝鮮人や戦後の混血児の出生などの歴史：引用者注)を背負わない、新しい在日者のことを考えてみましょう。現代の日本に到着した青年のことを考えてみましょう。たとえば大陸国からこちらの島国に、コンプレックスとあこがれをもって、入りこもうとする青年。かれは欧米人でもいいし、アジア人でもいい。重要なことは、かれが民族的に日本人として通すことはできない、いわゆる「異人種」であること。そこで移民の少年、ラシュディのロンドンにたいする叫びにたちかえりますが、彼は「ロンドンよ、おまえを熱帯化する(London, I am going to tropicalize you.)」

と叫ぶのです。日本というもうひとつの島国を考えると、よそものがやってきたときに、どんな叫びを発することができるだろうか。（略）そうやってなにをもってきても、イギリスとちがって、すでに日本はすべてを取り入れ、消費してしまっている。そういう国にたいして、よそものはどうすればいいのか。

（リービ英雄「混血児のごとく」『日本語の勝利』）

この文章は、ユダヤ系アメリカ人として生まれ、父親の職業の関係で少年時代に台湾や香港になじみ、ついには家出のようにして新宿の路地に住み着き、結果、『万葉集』の英語訳や、日本語の小説『星条旗の聞こえない部屋』をはじめとする多くの（日本語の）論文や評論で活躍している、リービ英雄のものです。日本という島国に「混血児のごとく」「コンプレックスとあこがれをもって、入りこもう」とした自分の体験に基づいて彼は、「よそもの」は日本に「どんな叫びができるか」という問いをここで発しているわけです。彼はそれに次のように答えます。

むしろ、「おまえたちのことばをおれが共有する」ということ、それが有意義なのではないだろうか、という気がします。ぼく自身が十六、七歳のころに感じた、こちらの島国独自の、どうしても最終的に入れてもらえないという恐怖を前にして、自分の育ちの文化をもってくることは無意味だ。それがわかった時点でぼくも変った。むしろ自分からすすんで日本語を使って表現する。それが二十一世紀に向う日本に対しては、最も有意義な姿勢ではないでしょうか。（同書）

日本にとっては「よそもの」である人々が、「むしろ自分から進んで日本語を使って表現する」。これは、私たち日本の内部にいる人間には、意外に気付きにくい視点でしょう。日本は近代化以来、外国の文化を学び、外国語を学ぶのを大きな目標にしてきました。また今でも、国際共通語と言われる英語を学ぶのに大きな力を割いています。そのために、その優勢な外国語に対して自分たちの使う日本語は日本という一地域でしか通用しないことばである、つまり国際共通語たり得ない特殊な民族語である、という意識が、どうしてもまとわりつく結果になってしまいました。それが妙な劣等感を生んだり、またその裏返しとして、自分たちの文化や言語の特殊な希少性や唯一性を盲信する偏狭なナショナリズムを生んだりしました。しかし言語の本質はそのようなところにはないのです。

先にも見てきたように、どんな言語であれ、その民族的な心性や特殊性が染み付いた側面と、同時に、言語としてコミュニケーション能力と創造性を持つという普遍的な側面と、両側面あります。民族の心性や人種としては「よそもの」であり、「最終的には入れてもらえない」自分は日本に対して何ができるか、と問うたリービ英雄が、「むしろ自分から進んで日本語を使って表現する」という答えを見出したとき、日本語は、まさに、特殊な民族語を超えた普遍的言語として彼の前に立ち現れたのです。そしてその結果が、『万葉集』の英語訳と小説『星条旗の聞こえない部屋』として結実しました。金石範や金時鐘の場合と同様、そこには「完璧」な日本語があります。しかしそれは、「日本」語ではない日本語なのです。そこに日本語の新たな可能性があります。まさにそれこそが、「人種と文化と言語を同一としてきた日本の近代神話の崩壊を暗示して、単一民族イデオロギーという拘束衣を脱ぎ捨てた日本語そのものの勝利を意味している」(リービ英雄「日本語の勝利」同書)からです。

結語

日本語はだれのものか。その答えは次のようになるでしょう。日本語は日本人だけのものではなく、そこを訪れるだれのものでもある……と。そこにきわめて多様で広範な日本語が生み出されます。かつて明治初期、日本語の四分五裂を嘆き、それを日本語の「貧しさ」だとした森有礼《もりありのり》とは逆に、私たちは、そのような日本語の姿を慈しんでよいのです。それこそがリービ英雄の言うように、「単一民族イデオロギーという拘束衣を脱ぎ捨てた日本語の勝利」なのですから。

あとがき

日本語教師と哲学研究者の手による「日本語」本ができ上った。専門の異なるもの同士であるが、「ことば」に対する共通の思いがあった。川口は、日本人に「国語」を教える国語教師として出発したあと、外国人に「日本語」を教える日本語教師に方向転換して、長年、日本語との悪戦苦闘を繰り返してきた。角田は、思想を「言説」化する手段としての言語に強い関心を持っていた。「ことばとは」「日本語とは」という問いかけを心に抱いていたという点が、共通項としてあげられるのだろう。その私たちが、昨今の過剰とも思える日本語ブームの中で、「声に出して読め」とか「書き写せ」とか、押し付けがましくも形式主義に偏った「日本語本」が次々と出版されるのを目にし、「何か変だ」という共通の気持ちを持ったことが、この本の出発点になった。

川口が日本語教育の勉強を始めたころ、ロール・プレイ（ある場面を設定してそれぞれの役割に従って会話練習をする学習法）の中で、「つまらないものですが」と言いながら贈り物を両手で持って少し腰をかがめて相手に渡す、という練習を外国人の学習者に繰り返させるのに、大きな違和感を覚えた。「日本語を学習することは日本人になることなのだろうか…」。外国語教育は、「型を覚えさせる」「型にはめる」ということがその出発点にあると考えられやすい。しかし、その「型」が、単に言語形式のみならず、言語行動まで及ぶとしたら、それは大きな「危険性」を孕んでいるのかもしれない――その思いが、今回の共著にもつながっている。

「日本人の日本語を型にはめる」「徹頭徹尾、正しい日本語、美しい日本語を追求する」といった、見ようによっては、新しいナショナリズムの台頭とも思える姿勢の「日本語本」が急増していくのを目の当たりにして、私たちは寒気に近いものを感じている。あまりに「日本人」というものにこだわった「日本語」のとらえ方に偏狭さを感じるし、またそこで「守るべき」「正統」や「伝統」とされたものが、実は自分好みの恣意的なものでしかないことに危うさを感じるからである。日本語はそれらよりもはるかに広く多様なのだ。

日本語の「美しさ」「豊かさ」とはいったい何なのか、その答えを求めて日本語について調べ、考え続けた結果が、本書である。成果があったか否かは、読者のみなさんのご判断にゆだねるしかない。

日本語はだれのものか。答えはもちろん、「日本人だけのものではなく、そこを訪れるだれのものでもある」。その答えに、ひとりでも多くの方がうなずいてくださるならば、望外の幸せである。

なお、吉川弘文館編集部の宮川久さんには、企画の段階から、ご指導ご鞭撻をいただいた。また、永田伸さんには、校正、文献検索等で大変お世話になった。心よりの感謝の気持ちを表したい。

二〇〇五年一月

川口　良

角田史幸

参考文献

イ・ヨンスク『国語という思想』岩波書店、一九九六年
伊坂淳一『ここからはじまる日本語学』ひつじ書房、一九九七年
宇佐美まゆみ『言葉は社会を変えられる』明石書店、一九九七年
大野　晋『日本語はいかにして成立したか』中公文庫、二〇〇二年
加藤秀俊『日本語の開国』ＴＢＳブリタニカ、二〇〇〇年
菊池康人編『朝倉日本語講座８　敬語』朝倉書店、二〇〇三年
金　石　範『新編「在日」の思想』講談社文芸文庫、二〇〇一年
金　時　鐘『「在日」のはざまで』平凡社、二〇〇一年
小松英雄『日本語はなぜ変化するか』笠間書院、一九九九年
小森陽一『日本語の近代』岩波書店、二〇〇〇年
真田信治『標準語はいかに成立したか』創拓社、一九九一年
鈴木義里『つくられた日本語、言語という虚構』右文書院、二〇〇三年
徳川宗賢『日本語の世界８　方言』中央公論社、一九八一年
中村稔編『宮沢賢治詩集』角川文庫、一九六三年
野呂香代子、山下仁編著『「正しさ」への問い』三元社、二〇〇一年

ジョン・C・マーハ、本名信行編著『新しい日本観・世界観に向かって』国際書院、一九九四年
三浦信孝編『多言語主義とは何か』藤原書店、一九九七年
山口明穂、鈴木英夫、坂梨隆三、月本雅幸『日本語の歴史』東京大学出版会、一九九七年
リービ英雄『日本語の勝利』講談社、一九九二年
『月刊言語　日本語は乱れているか』二〇〇二年八月号、大修館書店
『月刊言語〈敬意〉はどこから来るか』二〇〇一年一一月号、大修館書店
『言語学大辞典第2巻　世界言語篇（中）』三省堂、一九八九年
『講座日本語学3　現代文法との史的対照』明治書院、一九八一年

著者紹介

川口　良

一九五七年生まれ、一九九三年お茶の水女子大学大学院人文科学研究科修士課程修了、博士（人文科学）、現在文教大学文学部教授

主要著書

『日本語教育を学ぶ―その歴史から現場まで―』（共著、三修社、二〇〇六年）『国語という呪縛―国語から日本語へ、そして〇〇語へ―』（共著、吉川弘文館、二〇一〇年）『丁寧体否定形のバリエーションに関する研究』（くろしお出版、二〇一四年）

角田史幸

一九五〇年生まれ、一九七八年一橋大学大学院社会学研究科博士課程単位取得、現在秀明大学名誉教授

主要著書・訳書

『現代経営学―経営戦略論とその周縁―』（共著、八千代出版、二〇〇二年）『新世代は一線を画す』（N・チョムスキー著、共訳、こぶし書房、二〇〇三年）

歴史文化ライブラリー
190

日本語はだれのものか

二〇〇五年（平成十七）五月一日　第一刷発行

著　者　川《かわ》口《ぐち》良《りょう》
　　　　角《つの》田《だ》史《ふみ》幸《ゆき》

発行者　林　英男

発行所　株式会社　吉川弘文館
東京都文京区本郷七丁目二番八号
郵便番号一一三―〇〇三三
電話〇三―三八一三―九一五一〈代表〉
振替口座〇〇一〇〇―五―二四四
http://www.yoshikawa-k.co.jp/

印刷＝株式会社　平文社
製本＝ナショナル製本協同組合
装幀＝山崎　登

歴史文化ライブラリー

1996.10

刊行のことば

現今の日本および国際社会は、さまざまな面で大変動の時代を迎えておりますが、近づきつつある二十一世紀は人類史の到達点として、物質的な繁栄のみならず文化や自然・社会環境を謳歌できる平和な社会でなければなりません。しかしながら高度成長・技術革新にともなう急激な変貌は「自己本位な刹那主義」の風潮を生みだし、先人が築いてきた歴史や文化に学ぶ余裕もなく、いまだ明るい人類の将来が展望できていないようにも見えます。このような状況を踏まえ、よりよい二十一世紀社会を築くために、人類誕生から現在に至る「人類の遺産・教訓」としてのあらゆる分野の歴史と文化を「歴史文化ライブラリー」として刊行することといたしました。

小社は、安政四年（一八五七）の創業以来、一貫して歴史学を中心とした専門出版社として書籍を刊行しつづけてまいりました。その経験を生かし、学問成果にもとづいた本叢書を刊行し社会的要請に応えて行きたいと考えております。

現代は、マスメディアが発達した高度情報化社会といわれますが、私どもはあくまでも活字を主体とした出版こそ、ものの本質を考える基礎と信じ、本叢書をとおして社会に訴えてまいりたいと思います。これから生まれでる一冊一冊が、それぞれの読者を知的冒険の旅へと誘い、希望に満ちた人類の未来を構築する糧となれば幸いです。

吉川弘文館

〈オンデマンド版〉
日本語はだれのものか

On Demand
歴史文化ライブラリー
190

2017年（平成29）10月1日　発行

著　者　川口《かわぐち》　良《りょう》・角《つの》田《だ》史幸《ふみゆき》
発行者　吉　川　道　郎
発行所　株式会社　吉川弘文館
〒113-0033　東京都文京区本郷7丁目2番8号
TEL　03-3813-9151〈代表〉
URL　http://www.yoshikawa-k.co.jp/

印刷・製本　大日本印刷株式会社
装　幀　清水良洋・宮崎萌美

川口　良（1957～）
角田史幸（1950～）

ISBN978-4-642-75590-0